诱 拐

［英］史蒂文生 著
侯浚吉 译

文汇出版社

图书在版编目（CIP）数据

诱拐/（英）史蒂文生著；侯浚吉译. —上海：文汇出版社，2015.7

（文汇名译名著）

ISBN 978-7-5496-1383-0

Ⅰ.①诱… Ⅱ.①史… ②侯… Ⅲ.①长篇小说—英国—近代 Ⅳ.① I561.44

中国版本图书馆 CIP 数据核字（2015）第 009295 号

主　　编 / 桂国强
执行主编 / 张　衍

○文汇名译名著○

诱　拐

作　　者 / ［英］史蒂文生
译　　者 / 侯浚吉
责任编辑 / 戴　铮
特约编辑 / 徐明中
装帧设计 / 王　翔

出版发行 / **文匯**出版社
　　　　　 上海市威海路755号
　　　　　 （邮政编码200041）
经　　销 / 全国新华书店
排　　版 / 上海歆乐文化传播有限公司
印刷装订 / 上海中华商务联合印刷有限公司
版　　次 / 2015年7月第1版
印　　次 / 2015年7月第1次印刷
开　　本 / 890×1240　1/32
字　　数 / 130千
印　　张 / 9

书　　号 / ISBN 978‑7‑5496‑1383‑0
定　　价 / 36.00元

序

桂国强

经过编辑团队的不懈努力,汇集了国外优秀文学名著的《文汇名译名著》第一辑十卷本终于与广大读者见面了。欣慰之余,不由得想起一位学者曾经说过的一句话:"优秀的文学是全人类的。"确实,作为一家为诸多读者所喜爱的出版社,我们理应将各个时期、各个国家和民族最优秀的文学作品奉献给中国的读者,共享人类的精神财富。

我们之所以将丛书定名为《文汇名译名著》,在很大程度上是藉以表达我们对那些为翻译事业作出巨大贡献的翻译家由衷的敬意。我们认为,要让中国读者最精准地读懂、理解一部外国名著,尽享名著中精彩的故事情节、场景描写、优美意境……如果没有翻译家高超的翻译水准和忘我的工作状态,那无疑是不可思议的。屈指数来,在中国,举凡在读者中影响巨大、脍炙人口的外国文学名著,几乎每一部都倾注着翻译家们的汗水与智慧!

《文汇名译名著》丛书是一个开放的系列,我们将不定期、规模化地推出由我国著名翻译家翻译的包括英语、法语、德语、俄语、西班牙语、日语等各种语言、各个国家的文学名著,适时奉献给读者。在策划、组稿、编辑的过程中,得到了许多翻译家及其家属的热情指导与大力支持,在此,谨向他们表示深深的敬意和衷心的感谢!

是为序。

(作者为中国出版协会理事,中国作家协会会员,文汇出版社社长、总编辑、编审,本丛书主编)

诱拐目录

第一章　我踏上到肖府去的旅途　/01

第二章　我到达了旅途的终点　/07

第三章　我认识了我父亲的嫡亲弟兄　/14

第四章　我在肖府险遭不测　/23

第五章　我到皇后渡口去　/33

第六章　在皇后渡口发生的事情　/42

第七章　我捆在戴萨特的二桅船契约号里驶出了海洋　/49

第八章　后甲板室　/58

第九章　束着金腰带的人　/65

第十章　围攻后甲板室　/77

第十一章　船长的屈服　/86

第十二章　我听到红狐狸的故事　/92

第十三章　二桅船遭难　/104

第十四章　小岛　/111

第十五章　带着银纽扣的小伙子：通过姆尔岛　/122

第十六章　带着银纽扣的小伙子：经过莫温　/133

第十七章　红狐狸的死 / 143

第十八章　我和艾伦在雷脱莫亚树林中的一席话 / 151

第十九章　惊慌的家庭 / 161

第二十章　逃亡在灌木丛中：岩石 / 169

第二十一章　逃亡在灌木丛中：考雷纳基格巉崖 / 180

第二十二章　逃亡在灌木丛中：荒原 / 189

第二十三章　克仑努的笼子 / 199

第二十四章　逃亡在灌木丛中：争吵 / 210

第二十五章　在巴尔奎特 / 223

第二十六章　逃亡的终了：我们经过福司 / 232

第二十七章　访问兰基勒先生 / 246

第二十八章　寻求我的遗产 / 256

第二十九章　走进了我的王国 / 265

第三十章　再见吧 / 274

译后记 / 279

第一章　我踏上到肖府去的旅途

1751年6月初的一个早晨,我最后一次锁上了父亲家的门,抽出钥匙,这就是我历险的开始。我出门的时候,山顶上已洒下一片阳光;等我走近牧师的住宅,画眉鸟正在花园丁香花丛中婉转地唱着歌儿。黎明时弥漫在山谷周围的迷雾也开始上升,不一会儿便消失了。

埃森底的牧师坎贝尔先生正站在花园门口等着我呢,真是个好人!他问我有没有吃过早饭,听说我什么都不缺乏之后,双手抓住我的手,慈祥地把我的那只手夹在他的腋下。

"好吧,大卫,我的孩子,我要一直送你到渡口,看你出发。"

于是,我们动身向前走去,默默地谁也不说话。

"离开埃森底,你是不是心头感觉难过?"一会儿后,他才开口说。

"先生,这叫我怎么说呢?"我回答,"我还不知道我上哪儿去,也不知道会遭遇到什么呢,若是我知道,我会老老实实告诉你的。不错,埃森底是个好地方,我在这儿过得很快活,可是我又从来没有到过别的地方啊,自从我的爸爸妈妈去世以后,不管是埃森底或是匈牙利,对我有什么两样?说真的,要是我知道我所去的地方有着更好的机会,那我会高高兴兴地去的。"

"真的吗?"坎贝尔先生说,"好极了,大卫。那我一定得把你的命运告诉你了,至少把可以告诉你的让你知道。你的妈妈去世后,你的爸爸也身染重病。他,一个高贵的基督教徒,在他垂危的时候,把一封信托付我保管,他说这封信是给你的遗产。他还对我说:'我快要死了,等房屋安排妥当,财产处理后,'(大卫,这一切都料理好了)'把这封信交给我的孩子吧,亲自交到他的手上,要他动身去克兰蒙德附近的肖府。那是我的老家,也是我的孩子应该去的地方。'你的爸爸又说:'这孩子沉着稳健,又很机灵。我相信他上那儿去,结果一定圆满,会受到那儿的人的喜爱的。'"

"肖府!"我失声大叫,"我那可怜的爸爸跟肖府有什么瓜葛?"

"嗯,那谁能说得明白呢?"坎贝尔先生说,"不过,孩子,这个家庭的姓氏也就是你自己的姓氏——肖府的巴尔福,一个古老的、正直的、可敬的家族,恐怕是在最近才没落下来的。你爸爸是个有学问的人,他很称职,口才也好,修养也好,谁也比不上他,他的风度和谈吐也绝不像一个普通的小学教师。你也许还记得,我曾经愉快地把他领到我的家里,和一些上流社会的绅士们会见,我的族人——基德雷纳的坎贝尔,邓斯威的坎贝尔,明奇的坎贝尔——还有别的人,都是些著名绅士,他们全都乐于与他交往。最后,把这件事的一切都摊开在你面前吧,这就是那封关于遗嘱的信,是我们去世了的兄弟亲笔写的。"

他把信交给我,信封这样写道:"肖府埃比尼泽·巴尔福先生亲启,此信由我儿大卫·巴尔福亲自到肖府投送。"我,埃特律克森林的一个乡下穷教员的儿子,还只是个17岁的孩子,面对眼前突然展现的一个广阔的远景,心头不禁像小鹿般地乱撞起来了。

"坎贝尔先生,"我结结巴巴地说,"如果你处在我的地位,你会去吗?"

"当然去啦,"牧师说,"若是我,一分钟也不会耽搁。克兰蒙德离爱丁堡不远,像你这样伶俐的孩子,走两天就可以到了。要是事情糟糕透顶,你的那些高贵的亲族(我假定他们多多少少是你的亲族)竟请你吃闭门羹,那你也只消回头走上两天,敲敲我家的门就行啦。话虽如此,我还是希望像你可怜的爸爸所预料的,你会受到应有的待遇。我也希望你早晚成为一个大人物。大卫,亲爱的孩子,"他继续说,"我的良心要我趁这一次离别的机会,把正确的处世方法告诉你,提防世间的种种危险。"

说到这儿,他东张西望,想找寻一个舒适的座位。他的眼光落在路边白桦树下的一块大石块上,走过去坐下,撅起了严肃的上嘴唇。这时太阳正从两个山峰之间照耀着我们,他拿出手帕,遮在他那顶边儿翘起的帽子上,躲着阳光。然后他向上挺起食指,嘴里念念有词地要我提防为数不少的异教的诱惑,其实呢,我根本对异端邪教不感兴趣。他又千叮咛万嘱咐,要我虔诚地祈祷,要我时常读《圣经》。说完这些,他把那个伟大的家庭着实描绘了一番,还告诉我,应该怎样跟这些族人相处。

"大卫,对琐碎的事情也得顺从啊!"他说,"别忘了,你虽然是出身高贵,但却是在乡下长大的。别让我们丢脸,大卫,别让我们丢脸!在那个人多嘴杂的大家庭里,不论对待长辈或下人,都要显得你很有教养,举动小心谨慎,脑筋要灵活,话可不能脱口就说。对待那位家长呢——记牢,他是那田庄上的主人,我只说一句话:他尊敬的,你也要尊敬。要高高兴兴地服从他,至少年轻人就应该这样。"

"噢,先生,事情也许是这样,我答应照你的吩咐去做。"我说。

"说得好,说得好,"坎贝尔先生感到由衷地高兴。"现在说到物质上的事情,或者用双关话说到精神上的事情。我这儿带了一个小包裹,里面装着四样东西。"他一面说,一面费劲地从外衣的边袋里拉出一个小包。"这四样东西中的第一件是你法律上应享的权利:一点钱,是我购买你爸爸的书籍和设备的代价,这事我早已说明过了,我预备把它们再卖给新来的教师,赚一点外快。另外三件,是坎贝尔太太和我送给你的礼物,你收下这些礼物,会使我们感到愉快的。第一件是圆的,或许是你第一次出门最能使你高兴的东西;不过,大卫,亲爱的孩子,它只是大海中的一滴水,它只能帮助你走上一步路,然后就像清晨一样消失了。第二件是平的,四方形的,上面还写着字,它会做你终身的助手,像走路时的一根好手杖,又像病中安放你脑袋的一个好枕头。至于最后一件东西嘛,那是立方形的,我经常祈祷,但愿它会帮助你进入一个更好的天地中去。"

接着他站了起来,脱掉帽子,用很亮的声音祷告着,他用恳切的字句替一个初出茅庐的年轻人祝祷了一会儿,接着猛然紧紧拥抱我,几乎叫我透不过气来,然后,他放松两手,在我们中间留下一臂的距离,细细地端详我,脸上满是忧郁的神色。突然间,他急急忙忙地走来走去,带着哭声和我道别,一个转身,向我们来的路上摇摇晃晃地奔过去了。若是别人看到这副模样,准会笑得前仰后合的,可是我没有笑的心情。我一直望着他奔出我的视线。他急匆匆往前直奔,没有停留,也没有回头。我这才明白,那都是为了我的离别,他才这样悲痛欲绝的。可是我呢,却因为能离开冷清清的乡下,到一个热闹的大家庭去,跟那些又有钱又有身份的,而且和我姓氏相同、血统相同的可敬的族人厮混在一起,竟乐得飘飘然不知所以,于是我的良心严厉地开始自责。

"大卫,大卫,"我责骂自己,"谁见过你这样忘恩负义的黑心汉?你一听说自己是个世家子弟,就能把老朋友和过去的好意都忘掉吗?呸,呸,你太不要脸了!"

我在那位好人刚离开的大石块上坐下来,打开小包,瞧一瞧我的礼物到底是些什么玩意儿。他所说的立方形的东西,我一听说就知道准是一本小小的《圣经》,可以随身放在花格子外衣的袋子里。他所说的圆圆的物品,我发现是一枚先令。至于第三件,据说可以使我终生消灾纳福、祛病延年的宝物,原来是一小张粗糙的黄纸,用红墨水写着这些字句:

> 铃兰水秘方:以铃兰花数朵,置于袋中,蒸馏之,用时吞服一二匙即可。此水可使哑者口若悬河,痛风病者药到病除;伤心人获得安慰,健忘者记忆长青;再以花朵置入一玻璃瓶

中,密封之,投入蚁冢内,一月后取出,即有液体自花朵中流出,以药水瓶储存。此水不论男女,生病与否,服之均有神效。

接着,牧师又亲笔添上几句:

> 如有跌打损伤,以此水涂擦;以及遇急躁易怒者于脾气发作时吞服一大匙,亦能奏效。

老实说,这个秘方把我的肚子都笑痛了;这时的我心旷神怡,用棍棒的一头挑起包裹,蹚过浅滩,向另一面的山坡上走去了,一直走到一条穿过灌木丛的青翠碧绿的羊肠小道前面,才回头向埃森底教堂,向牧师住宅周围的树木和我父母亲长眠的教堂墓地里那些巨大的山梨树投去了最后一眼。

第二章　我到达了旅途的终点

第二天的午前,我来到一座山冈的顶上,极目远眺,只见这一带地方渐渐向下倾斜,没入大海,在这一片下倾的大地中央,有一长条隆起的山背,爱丁堡城就坐落在上面,它像一座炉灶似的喷射着浓烟,远远望去,城堡上的一面旗帜和港口里航行着的或静静地停泊着的船只清晰可见。这些景色使我这乡下孩子的心儿激动得扑通扑通地直跳。

不一会儿,我经过一个牧羊人居住的屋子,问明了克兰蒙德周围的大概的方向。于是,一路问讯,一路朝西经由柯灵顿向都城走去,终于踏上格拉斯哥的大路。我在那儿碰见一队士兵,正随着抑扬的笛声一步不乱地前进着,使我又高兴,又惊奇。队伍的前面是一位脸色红润、骑在一头灰色马上的老将军,队伍的末尾是一队戴着"教皇帽"[①]的近卫军。一看见那些红外套[②],听到那种快活的音乐,我的头脑中不禁

[①] 一种高高耸起的军帽,形似罗马教皇所戴的帽子,故有此名。
[②] 当时英国兵穿红色外套,故俗称英国兵为"红外套"。

感到生命的骄傲。

再向前一点儿,人家告诉我已经到了克兰蒙德教区了,我也不再转弯抹角,就直接向人打听肖府在哪儿。我问到的那些人,一听到这个姓氏,似乎都大吃一惊。开头我以为由于我外表平凡,穿着乡下衣服,一身尘土的寒酸相配不上我所要去的那家高贵的门第。不过,询问过两三个人以后,他们那种同样的神气和同样的回答,倒使我心头捉摸不定了,觉得这肖府一定有什么奇怪的地方。

最好把这个疑团解开,才好让我安心,于是我改变了询问的方式。当我瞧见一个模样儿老实的家伙坐在一辆车子的杠上,从一条巷子里过来时,我问他有没有听见过称为肖府的这一个家庭。

他马上把车子停住了,像其他的人一样直瞪瞪望着我。

"喂,干什么?"他说。

"那是一家大宅吗?"我问。

"还用说,"他说,"那是一家很大很大的大宅。"

"噢,"我说,"那么住在里面的人呢?"

"人?"他叫起来了,"你发疯了吗?那儿没有人——若是称得上人的话。"

"什么?"我说,"埃比尼泽先生不是吗?"

"噢,是啊,"那人说,"确实说,有这个地主,若是你想找的是这个家伙的话。你干吗上那儿去,小伙子?"

"我经人家指点,认为可以在那儿找一点活儿干。"我尽量显得谦逊地说。

"什么?"那赶车的人失声大叫,声音之尖,把他的马也吓了一跳,然后他接着说,"喂,小伙子,本来这跟我不相干,不过,看上去你这孩子说话老实,若是你愿意听我的话,赶快离肖府远一点儿为好。"

下一个碰见的人是一个整洁的小家伙,戴一头漂亮的白色假发,我猜想他是个正在兜生意的流动理发师,我知道,理发师都是些爱说东家长、西家短的能手,就直截了当地向他打听肖府的巴尔福先生是个何等人物。

"嘿,嘿,嘿,"理发师嘲骂地叫道,"他不是人,根本不是人!"然后开始非常狡猾地打听我干的是什么营生;不过,我不仅跟他旗鼓相当,还稍稍胜他一筹,他只好去找寻没有他聪明的主顾去了。

我简直没法描述这对我的幻想是多大的打击。那些责骂的话说得越含糊,我也越发难受,因为它们留下了可以令人想入非非的更广阔的范围。这一个大家宅是怎么样的家庭,为什么教区里的人听到我打听去这个家庭的路都会大吃一惊,直瞪瞪地瞧着我呢?那位先生又是何等人物,他的丑名声怎么会在四乡流传?若是只需要走一个小时就可以回到埃森底的话,我一定会当场结束我的历险,回到坎贝尔先生那儿去了。不过,既然我已经走了这么远的路,那我非把事情弄个水落石出不可,不能光是为了耻辱就失去了前进的勇气;为了我这一点自尊心,就应该坚持下去;我听到的声音越是使我不高兴,我的脚步也就越发缓慢,不过我还是继续问路,继续向前走去。

挨到夕阳西下,又碰见一个硕壮、黧黑的女人,她一脸愁容,疲惫地从一座小山上走下来。当我又把那个问题向她请教时,她猛然一个转身,陪着我,回到她刚才离开的那个山头,用手指点前面山谷底下绿油油田地上孤零零地耸立着的一座庞大建筑物。那儿的环境是那么悦目,延绵不绝的小山,清澈的流水,苍郁的树木,还有长势良好的庄稼;然而那房屋本身呢,却像是一堆废墟,既没有道路可通,烟囱里也没有袅袅上升的黑烟,连花园也好像不存在似的。我的心顿时冷了半截,失声道:"是那一幢?"

那女人的脸上透出了一股恶毒般的怒火,高声叫道:"那就是肖府的房屋!它是用鲜血建造的,但鲜血阻止它继续建造,将来还会用鲜血把它彻底毁掉。瞧瞧这儿!"她提高了嗓门——"我唾它,我咒它!愿他们永远倒霉!你见到那地主时就把我这些话告诉他,说这是琼妮特·克劳斯顿第1219次咒他,不仅咒他的房屋、牛棚、马棚,也咒他的家人、客人和主人,咒他的老婆、闺女或娃娃,愿他们永——永世不得超生!"

那女人平板的声音高得吓人,她双脚一跳,一个转身走掉了。我却吓得毛发直竖,愣在原来的地方。那时候,人们还迷信巫婆,一听到咒骂,浑身都会发抖。这些骂得那么顺口的恶咒好像是一个凶兆,在我还没有来得及达到目的以前就把我镇慑住了,夺去了我两条腿的力气。

我坐下来,呆呆地望着肖府的房屋。我望得越久,那地方的景色就越发把我吸引住了:山楂树上鲜花盛开,田野里有着斑斑点点的绵羊,在空中,优美地飞翔着一群白嘴乌鸦。土地和气候都显得动人,然而,在这种环境中却耸起了那座死沉沉空洞洞的大屋子,把我的幻想扑灭了。

我坐在水沟的边上,兴致索然,老乡们从田里回来,在我的身边走过,我也懒得向他们招呼一声。太阳下山了,一会儿后,我看见一缕黑烟飘上了黄澄澄的天空,在我看来,那烟比一支蜡烛的烟也浓不了多少。不过到底是烟,这就意味着这里存在火、温暖、烹调和点燃它的活生生的人,这慰藉了我的心。

我捉摸一下方向,循着草地上一条狭窄、模糊的道路向前走去。那条路的痕迹太模糊了,不可能是通达一所住宅的唯一的道路,然而我又没有看见别的路。不一会儿,我看见很多石柱子,石柱边是一座没有屋顶的小屋,顶上饰着纹章。很显然,原来有意在那儿建一个大门,不过,没有修成,一根草绳捆住了两扎树枝,来代替那锻铁制的大门;那儿既没有围墙,也没有任何道路的痕迹,那条踏出来的路径,经过柱子的右边,我循着弯弯曲曲的它,向那房屋走去。

我越接近那儿,越发现那境况的凄凉。一幢屋子的边房似乎从未造成。按理应该是楼上最里面的房间,也成了露天的建筑,连那没有完工的台阶和楼梯也被暴露在光天化日之下。很多窗子没有镶上玻璃,蝙蝠像一群从鸽棚里飞出的鸽子那样来回地飞翔着。

我快要走到它的跟前时,夜色开始降临了,楼下三扇筑得很高、装着坚固的窗栅的狭窗里闪出了若隐若现的微光。

难道这就是我要投奔的大厦吗?难道我要在这些墙壁里寻找新的朋友和创造伟大的事业吗?那怎么成呢?我爸爸在埃森河边的屋子,就是在远远的一里以外,也能看到那里面的炉火和明亮的灯光,假使有乞丐登门求乞,也不会请他吃闭门羹的。

我小心翼翼地向前走去,一面走,一面竖起耳朵倾听,我听到有人把碟子弄得窸窸窣窣地直响,还有一阵阵轻微急促的干咳声,可是听不到有人说话,也没有狗的叫声。

靠了那模糊的光线,我才看见了门,那是一大块星罗棋布似的钉满了钉子的木板,这时我已经心灰意冷,勉强举手敲了一下,然后站在那儿等待着。刹那间,屋子里变成死样的沉寂。整整一分钟过去了,除了头顶上的蝙蝠以外,没有一点动静。我又敲了几下,再侧耳倾听。这时我的耳朵对于寂静已经是那么的习惯,可以听得出里面挂钟的一秒钟一秒钟走着的嘀嗒声,尽管这屋子里的人保持着死样的沉寂,他们一定也是在屏息静听着的。

我正拿不定主意,考虑是不是离开,可是一腔怒火占了上风,反倒开始对准大门如雨点般的拳打脚踢,还放开喉咙,高喊巴尔福先生。我正干得起劲,忽听得头顶上一声咳嗽,我向后一跳,抬头一看,只见二楼的一扇窗子里露出了一个男人的脑袋,脑袋上高高地耸起一顶睡帽,一支大口径短枪的枪口直对着我。

"留心我枪里的子弹。"传下来一个声音。

"我有一封信,带给肖府的埃比尼泽·巴尔福先生,他在这儿吗?"我说。

"这是谁写来的信?"那位枪手问道。

这时候我的火气已越来越大,顶了他一句:"他既不在这儿,又不在那儿。"

"好吧,那你把它放在门口的台阶上得啦,马上给我走。"这是他的回答。

"我可不愿意这么干,"我叫道,"我要把它亲手交给巴尔福先生,我应该这么办的。这是一封介绍信。"

"一封什么?"他的声音又高又尖。

我把刚才说的话重复了一遍。

"你,你是谁呀?"他停了一会儿,又问道。

"我对我的姓名可不感到耻辱,他们叫我大卫·巴尔福。"

我敢说,那家伙准是吃了一惊,因为我听见那支枪在窗台上咔嗒地响了一下,歇了半响,他才带着一种出奇的改变了的声调问道:

"你父亲死了吗?"

这一下,我惊奇得找不出回答的话来,只是睁大了眼睛呆呆地望着。

"是啊,"那人继续说,"毫无疑问他肯定死了,所以才叫你来敲我的大门,"他又停了一下,然后挑衅似的说:"好吧,小伙子,我会让你进来的。"接着,窗口上失去了他的身影。

第三章　我认识了我父亲的嫡亲弟兄

一阵清脆响亮的链条声和门闩声传了出来,门被人小心翼翼地打开了,我刚进门,又马上被人关上了。

"到厨房里去,可别拿东西啊,"有个声音说。这时,他重新摆弄好门上的防御物,我一路摸索前进,走进了厨房。

灼烁的火光使我看清楚了这一间厨房,我想,这是我有生以来所看到的最空洞的房间。架子上搁着六七只碟子,桌子上摆出了晚饭——一碗麦片粥,一只角制的匙,一小杯啤酒。除了我所说的这些东西以外,这间石砌的圆顶大房间里面竟空洞洞别无他物,只有一些锁紧了的箱子沿墙壁摆着,还有一具扣上锁、放在屋角里的碗柜。

那个人扣好最后一根锁链后,马上进来,和我寸步不离。他神情卑贱,弯腰曲背,窄窄的肩膀,灰白的脸色,年龄可能在50至70之间,戴的是法兰绒睡帽,破破烂烂的衬衫外面没有穿外套和马甲,却穿着一件法兰绒的睡衣。他已经好久没有刮胡子了;不过,最叫我感到苦恼甚至害怕的,是他的那一对眼睛,它们紧紧地盯住了我,一刻也不肯放松，又不正大光明地望着我的脸，到底是因为他的职业的缘故呢，还是天生这样的，那我可捉摸不出了；不过看他的样子，倒很像是一个没有出息的老仆人，接受了主人家供给他的膳宿，要他来看管这座大房子的。

"你全弄妥了吗？"他问我，眼光总是在我的膝盖上下瞟来瞟去。"要吃东西吗？把这碗麦片粥吃掉好了。"

我谢绝了，并说也许这是他自己的晚餐。

"哦，我不吃麦片粥也能行。"他说，"我可以喝啤酒的，它可以润润我的喉咙。"他举起杯子，喝掉了一半，同时两只眼睛仍一刻不停地打量着我，突然，他把手一伸，说："把那封信给我。"

我对他说，那是给巴尔福先生的信，不是给你的。

"那么，你以为我是谁？"他说，"快把亚历山大的信给我！"

"你怎么知道我爸爸的名字？"

"若是我不知道，那才怪呢，"他回答，"他是我的嫡亲弟兄啊，瞧你这模样，你似乎对于我和我的屋子不太喜欢似的，也不很中意那么好的麦片粥。大卫，我告诉你，不管怎的，我是你嫡亲叔伯，你是我的亲侄儿。所以，把信给我，坐下来填饱你的肚子吧。"

要是我再年轻几岁，受到这样的耻辱，感到这样的疲倦和失望时，我相信自己早已号啕大哭了。可是，这时候我什么话都想不出来，只好把信交给他，在那碗麦片粥前面坐了下来，然而我已失去了一个年轻人应有的胃口，没法下咽了。

这会儿，我的那位长辈已经弯下身子，对着火光把那封信翻过来

翻过去地捉摸个不停。突然,他问道:

"你知道里面写些什么?"

"你自己看看嘛,伯伯,封口还没有动过呢!"我回答。

"哦,那么,你到底为什么到这儿来?"他又问。

"来送这封信。"我说。

"不,"他狡猾地说,"不消说,你还抱有一些什么希望吧?"

"是的,伯伯。"我承认了,"当我听说自己还有一些有钱的亲族时,我的确抱着一些希望,以为他们会在我的人生中给予帮助。不过我可不是叫花子,更不是来乞求你的恩惠的。假若不是慷慷慨慨给我的东西,我绝对不要。我虽然穷,也还有自己的朋友,他们会高高兴兴帮助我的。"

"嘿,嘿,别这样瞧不起我。"埃比尼泽伯伯说,"我们可以好好商量的。哦,大卫,我的孩子,如果你不想再吃这些麦片粥,还是我自己啜上几口吧。"于是,他把我撵下凳子,拿起我的匙,继续说:"这麦片粥真是出色的、有益健康的食物,了不起的食物。"他喃喃地祷告几声,又一口一口地吃起麦片粥来了。"我记得,你的爸爸非常贪嘴,若是说他还不是一个老饕,那他也是吃什么都津津有味的。至于我呢,对于食物最多只能碰几下罢了。"他拿起那一小杯啤酒,喝了一口,也许这使他想起了招待客人的义务,因为他接着说:"要是你口渴了,门背后有的是水。"

对于他这句话,我没有吭声,我只是直挺挺地站着,低头望着他,心头有说不出的愤怒。他呢,却像迫不及待似的继续对付那碗麦片粥,一面偷偷地射出几眼,眼锋一会儿落在我的鞋子上,一会儿又瞧着我那双手织的袜子。只有一次,当他鬼鬼祟祟地把眼睛稍稍抬高一点时,我们的眼锋相遇了,顿时,他惊慌失措,露出了连一个当场被抓住的扒手也不可能有的苦恼神气。我不禁沉思起来了。他这样胆小如鼠,是不是因为他离开人群太久了的缘故,也许他只要稍稍和人接触,就会消失这种感觉,而变成一个完全不同的人物的。我正想到这儿,他的咄咄逼人的声音把我惊醒过来。

"你的父亲死去很久了吗?"他问。

"三个星期了,伯伯。"我回答。

"他是一个城府很深的人,亚历山大是个城府很深、沉默寡言的人,"他继续说,"他年轻的时候,从来不是多嘴多舌的,你可听到他提起我了吗?"

"没有听说过,伯伯,还是听你说的,我才知道他还有一个弟兄。"

"哎!哎!难道也没有提起过肖府吗?"

"连这个名字也没有听到过,伯伯。"

"你瞧!"他说,"真是个怪人!"他顿时高兴起来了,不过,他这么突然的心满意足,到底是为了他自己,为了我,还是为了我父亲的这种脾气,我可说不上来。不消说,起初他一定对我怀着敌意,现在,他似乎态度突变,跳起来走到我的背后,使劲地在我肩头上猛拍一下,叫道:"欢迎,欢迎你来到这儿,我们一起生活会很好的,现在你安睡去吧。"

使我吃惊的是,他没有点灯,也没有点蜡烛,就走进了漆黑的走廊,一面气喘喘地摸索着上了楼梯,走到一扇门房的跟前时,他站住了,打开了锁。我跟在他的脚跟后面,跌跌绊绊的,尽可能小心地走。他要我进去,说这是我的卧室,我听了他的话走了进去,刚走几步,就马上立定脚步,我求他给我一个灯,好让我上床睡觉去。

"嘿!嘿!月光不是挺亮吗?要灯干什么?"埃比尼泽伯伯说。

"哪儿有什么月亮和星星?一团漆黑,我看不见床在哪里啊。"

"嘿,嘿,嘿,我不准在屋里点灯,我非常讨厌火。大卫,我的孩子,明儿见。"我还没有来得及再抗议一声,他已经把门拉上,我听见他在门外把门反锁上了。

那时候我真是哭笑不得。房间冷得像冰窟,我东摸西摸,总算是摸到了床,可是它却潮湿得像一块沼泽地;运气还好,我摸到我的行李和格子花呢衣服,就用衣服一裹,在那巨大的床架子后面的地板上倒了下去,很快地睡熟了。

东方刚破晓,我的眼睛也同时睁开了,我发现自己是睡在一间宽敞的卧室里,壁上挂着各种兽皮,室内陈饰着雕镂精致的家具,光亮就从三扇大窗那儿射进来。若是在10年甚至20年以前,这准是人们求之不得的可以舒服地安睡的房间,可是如今它却是那么潮湿,肮脏,无人居住,成了老鼠和蜘蛛大显身手的场地,窗子上的玻璃零零落落,没有几块是完整的。这种现象在这幢屋子里的确是随处可见,因此我相信,我的伯伯一定曾经被他的愤怒的邻居们围攻过——也许带头的就是琼妮特·克劳斯顿。

那当儿,屋子外面已沐浴在温暖的阳光里,然而这间凄凉的房间里却是那么寒冷,我拼命敲门,不停地叫喊着,直到我的监禁人跑来把我放出来时才停止。他领我到屋子背后的一口深井旁,井上有着吊桶,他简单地说:"要洗脸的话,就在这儿洗!"我洗过脸后,赶快奔回到厨房里去,看见他已经把火生好,正在调煮麦片粥了。这时,桌子上已放了两只碗、两个牛角匙和一小杯啤酒。也许我的伯伯看出我恋恋不舍地盯住了酒杯不放,问我是不是也喜欢喝一点他所谓的淡啤酒,他这句话恰恰说中了我心头的愿望。

我坦率地承认也有这一点嗜好,不过,我怎么好麻烦他呢?

"不,不,"他说,"只要是合情合理的事,我都不会拒绝你的。"

他从架子上又取来一只杯子,接着来了一个叫我惊异得目瞪口呆的动作,他没有去倒酒瓶里的酒,却拿起他自己的杯子,均匀地倒了一半到另一只杯子里。他那副高贵的神气倒叫我看得连气都透不过来了。如果说,我的伯伯是个不折不扣的吝啬鬼,他倒是这帮人物中的出类拔萃的一位,几乎使人对那种坏习惯也感到可敬。

吃完早饭后,我的埃比尼泽伯伯打开了一只抽屉,从里面拿出一只陶制的烟斗和一扎烟叶子,他切下了一块烟叶,把多余的放回到抽屉里,锁好。然后,走到沐浴着阳光的窗口下坐着,默默地抽烟,不时向我瞅上几眼,还冷不防地发问。有一次他问道:"你妈妈好吗?"当我告诉他她也死了时,他提高了声音说:"噢,她那时候真是个漂亮的姑娘!"接着,又沉默了很久,说:"那么你交往的是些什么样的朋友呢?"

我把坎贝尔一族的各位体面的绅士一一地告诉他。虽然事实上只有那位牧师才比较关心我,不过我觉得我的伯伯太小看了我,以为我只好依靠他,我可不愿让他认为我孤立无助。

听到这些话后,他似乎在动什么脑筋了,歇了一会儿,他说:"大卫,我的孩子,你来找你的埃比尼泽伯伯,这一下你可做对了。我非常爱惜家庭的荣誉,当然要好好地照顾你啰,不过,我先得考虑一下你学哪一行才最有前途——去学法律呢,还是去当牧师,或者,像一般男孩子最喜欢干的,去过过军队的生活——在我还没有考虑好你的出路以前,我可不喜欢我们姓巴尔福的在一小撮高地的坎贝尔面前低声下气。我告诉你,我要你闭紧嘴巴,别乱说乱讲。不许写信,不许通消息,也不许对任何人说什么话。如果你另有高就,大门就在那儿,请便吧。"

这些话可说得我冒火了,我回答道:"埃比尼泽伯伯,我当然知道你一切都是为了我好。不过,我也要让你知道,我也是个有自尊心的人,我来找你,又不是我自己的意思;你要是再向大门指点一下,那我马上就走。"

他似乎费了很大的劲才说出话来:"嘿,嘿,那又何必呢,那又何必呢!待一两天再说吧。我又不是个魔术师,可以在粥碗的底儿替你找出财宝来的。你只消给我一两天,别跟什么人讲话,我一定给你找一个很好的出路的。"

"好吧,"我说,"就这样吧。若是你肯帮助我,我当然很高兴,会从心底里感谢的。"

我觉得我似乎已占了我伯伯的上风(我敢说,这未免太快了),我告诉他,不管怎么样,一定要把我的床铺和被褥透透风,在太阳底下晒晒；我实在没法在这种乱七八糟的环境里睡觉。

"喂,这屋子是我的还是你的?"他尖起喉咙说,突然,他又把话头打断,改口说:"不,不,我不是这个意思。大卫,我的孩子,我的就是你的,你的也就是我的,亲属到底是亲属啊,我们一姓中除了你和我以外,再没有别人了。"于是他东拉西扯地谈起这个家庭来了,谈他过去是怎样的显赫,他的父亲又怎样的开始扩建房屋,他自己却把这种扩建当作是一种罪恶的浪费,在建筑中途就停止了。这使我想起了琼妮特·克劳斯顿的口信,就照实告诉了他。

"那个婊子!"他破口大骂,"我把她赶走,已经1215天了,她还每天这么咒我!大卫,我可不是好惹的,等我受不了时,我就要在烧红了的煤块上烤她!妖妇!谁不知道她是妖妇!我要立刻见书记官去。"

他打开衣橱,拿出了一件保藏得很好的蓝色旧上衣和马甲,一顶相当好的獭皮帽,这些衣帽都没有镶花边。他穿戴好后,从小橱里拿出一根手杖,然后再把橱门锁好,他正要动身时猛然想起了一件事。

"我可不能让你独个儿留在屋里,请你出去,好让我锁门。"他对我说。

我的血都涌到脸上来了。

"你若是把我锁在屋子外面,那么我们的感情从此一刀两断。"我说。

他顿时神色惨白,咬了咬嘴唇。

"这可不行啊,大卫,这可不是赢得我好感的办法。"他说,眼光恶毒地望着地板的一角。

"伯伯，我敬你是个上了年岁的人，也尊崇我们的共同血统，我并没有小看你的好意。不过，我生来就是个很自负的人，即使你是我在这世界上唯一的长辈，唯一的亲人，即使我的孤苦伶仃再加上十倍，我也不愿拿这样的代价来赢得你的欢心的。"我说。

埃比尼泽伯伯走到窗口，向窗外望了一会儿。我可以看出他仿佛中风似的浑身发抖，抽搐不停。不过等他转过身子，他的脸上已有了笑容。

"好吧，好吧，"他说，"我们一定得克制自己，克制自己。我不去了，就这样。"

"埃比尼泽伯伯，"我说，"我简直不懂你为什么要把我当作小偷看待，不肯让我留在这屋子里呢，我可以随时随地从你的每句说话中看出这种意思，说你喜欢我，那是不可能的，至于我呢，连从来不想对任何人说的话都告诉你了。那么，你干吗还要把我留下呢？让我回去吧，让我回到那些喜欢我的朋友们中间去吧！"

"不，不，不，不，"他非常认真地说，"我很喜欢你，我们会谈得投机的；为了家庭的荣誉，我也不能让你像来的时候那样空着两手离开啊。安静地待下来吧，那才是好孩子；你只消在这儿安静地待上一段时间，你就会发现我们会谈得投机的。"

我先把这事情默默地想了一下，才说：

"好吧，伯伯，我会待一段时间。自己人终究是自己人，靠外人帮助，还不如依靠亲人的好；若是我们话不投机，我也尽我的力，不至于是因为我的过错。"

第四章　我在肖府险遭不测

这一天早晨起来感觉不佳,不过白天过得总算不坏。中午吃的又是冷粥,晚上才有热粥吃,我伯伯的食谱就是粥和一点啤酒。他还像以前一样难得说话,沉默了好久后,会突然进出一个问题,我好几次想引起他谈谈我未来的出路,他却老是躲躲闪闪地避开了我的话题。在厨房隔壁的一大间屋子里,我发现大批拉丁文和英文的书籍,这间屋子是他容许我进去的,我在那儿非常愉快地度过了整个下午。真的,有了这样绝佳的伴儿,时光轻松地一闪就过去了,我几乎甘心情愿地在肖府定居下来了,只是一见到我伯伯的脸,见到他那双遇到我的眼锋时就鬼鬼祟祟、躲躲闪闪的眼睛时,我那不信任的感觉又恢复了。

我还发现一件使我感到怀疑的事情,在一本帕特里克·沃尔克版的廉价小册子的衬页上,明显地留着我父亲的字迹,写着:"送给我的同胞手足埃比尼泽,祝贺他五岁的生日。"这两句话把我投入五里雾中了:毫无疑问,我的父亲是弟弟,那他这么写,若不是他奇怪地写错了什么,就是他在五岁以前就能写得一手优美清楚、老练如成人的好字了。

我尽量不让这件事打扰我,可是我虽然读了很多有趣的作品——旧的、新的、历史著作、诗歌和故事书,但爸爸的字迹仍牢牢地在我的脑中打转,最后,当我回到厨房里去再用那麦片粥和一点儿啤酒填饱肚子时,我对我伯伯开口的第一句话就是关于我的父亲的。我问他,我的父亲是不是天资聪明,读书过目不忘。

"亚历山大吗?那不是他!"我伯伯回答,"我比他聪明多了,我年轻的时候才是一个聪明的小家伙。真的,在读书方面,我很快就赶上他。"

这番话更叫我迷惑不解了。我想了一下,又问他,他和我的父亲是不是一对孪生子。

他猛然从凳子上跳起来,拿在手里的牛角匙也失手掉到地上了。"你干吗问起这个问题?"他恶狠狠地问我,一把抓住了我的外套,两只眼睛笔直地盯住了我,那双跟鸟儿一样发亮的小眼睛奇怪地眨动着。

"你这是什么意思?"我问他,神色非常镇静,我比他强壮得多,不是轻易就吓得住的。"松手,别抓住我的外套。这样的举动可不好啊。"

我的伯伯似乎费了极大的劲儿才冷静下来,说:"大卫,你不该向我提起你的爸爸,这就是最大的错误。"他坐下去,浑身发抖,眼睛骨碌碌地瞧着他的盘子,过了一会,才说:"他是我唯一的同胞手足啊。"话是这么说,他的声音中却没带一点儿感情,接着他从地上拾起了匙,埋头吃饭,不过浑身仍旧颤抖着。

刚才那一幕：这种当胸抓住我的举动,和对我过世的父亲突然表白起爱来,都是同样不可理解。这使我既害怕,又抱着希望。一方面,我开始觉得我的伯伯也许是个疯子,可能很危险,另一方面,我过去听到过老乡们唱的一个民谣,猛然在我的心头浮起(这想法来得那么突然,甚至使我很沮丧),这民谣说的是一个可怜的孩子被一个恶毒的亲族篡夺了继承权的故事。否则的话,像我一个跟乞丐差不多的亲族来到他的门上,我的伯伯干吗要跟我来那一套呢？除非他的心头有某种害怕我的原因。

这种想法,虽然是凭空而起,却渐渐地在我的脑中扎下了根,我也开始模仿他那捉摸不定的神色。于是我们仿佛两只围坐桌子前的猫和老鼠,偷偷地注视着对方。他什么话都不再对我说,却偷偷地在打着什么鬼主意,我们坐的时间越长,我对他观察得越久,我越发肯定他一定为了什么事把我当成了仇敌。

等他的盘底朝天,他拿出烟叶装满了烟斗,像早上那样地把一只凳搬到炉子旁,背对着我,坐在那儿抽烟。

最后,他开口说:"大卫,我正在想,"他停顿了一下,又重复一遍,接着说,"你还没有出世的时候,我曾经答应过你的爸爸,给你一小笔钱。这不是法律上的事,只是私人的谅解,正像绅士们在喝酒时随口说说的那样。是的,我把那笔钱另外放开了——这是大大的破费呢,不过诺言是诺言,到现在它已经积成整整齐齐恰好是——"说到这儿,他停了一下,结结巴巴地说,"恰好是40镑!"他刚费劲嚷出这最后一句话,马上回过头去,眼睛望到别处,接着几乎同时叫嚷似的添上一声:"苏格兰镑!"

一个苏格兰镑只合一个英国先令,他一改口而造成的差别也太大了①。此外,我可以看出他所说的一套全是鬼话,是为了某种目的才编出来的,不过,到底是什么目的,这倒叫我不容易猜测了;我回答时,也不打算隐藏起我的讥嘲的音调。

"噢,伯伯,再想一遍吧!我相信,你说的是英镑!"

"我说的就是英镑!"他马上改口,"你先到门外面去一会儿,瞧瞧夜色,等我把钱拿出来再叫你进来。"

我听他的话出去了,暗自冷笑,他还以为我是那么轻易就受骗了的呢。这是个漆黑的夜,几颗星星低低地悬挂在空中,我刚走到门外站定,听到狂风在遥远的群山中咆哮。我对自己说,要打雷了,天气正在转变了,我万万想不到黄昏还没有消逝以前,这些自然现象对我将要起多么重要的作用。

当他叫我进去时,我的伯伯把37枚金几尼②一五一十地放进了我的手掌,其余的是些金银辅币,都在他的手里,他忽然改变了主意,把这些零钱塞进了自己的口袋。

"喂,这你总见到了吧!我是个怪人,对陌生人尤其古怪;不过我说一是一,这就是证明。"

原来似乎是非常小气的伯伯竟突然间慷慨起来了,这倒一下子把

---

① 一个英磅合 20 个先令。
② 金几尼:英国自 1663 到 1813 年间发行的金币,每枚值 21 先令。

我弄得目瞪口呆,找不出道谢他的话来。

"别说什么,"他说,"用不着道谢,我不需要道谢,我只是尽我的责任,当然啰,不见得每个人都会这么干的;不过我虽然也是个小心周到的人,我倒很高兴照顾照顾我同胞手足的儿子。我们是至亲骨肉,应该和和睦睦,想到我们能这样,我的心头就乐了。"

我也找出了一些漂亮的话来回答他。老实说,我一直怀疑他还会跟我玩一套什么花招,也弄不懂他为什么舍得放弃他那些宝贵的金币;至于他所说的理由,就是一个吃奶孩子也不会相信它的。

待了一会儿,他斜瞟着眼睛望了我一下,说:

"你可要以德报德啊。"

我告诉他,我准备用任何合理的行动来证明我的感谢,我停了一下,看他对我会有什么可怕的要求,他终于鼓起勇气,仅仅对我说——我认为他说得非常适当——他年纪大了,身体也有点衰弱了,他希望我帮助他照顾这幢房屋和小小的花园。

我表示准备效劳。

"好吧,那就开始吧,"他说,一面从口袋里拿出一把生锈的钥匙。"这是屋子尽头那儿塔楼上的钥匙。那部分屋子没有造好,你只能从外面绕进去。你上那儿的楼上去吧,替我把楼顶上的小箱子拿下来。文件就放在里面。"他添上一句。

"我能讨个火吗,伯伯?"我说。

"不,"他非常讥诈地说,"我的屋子不准有火。"

"那也好,伯伯,楼梯是不是结实?"

"非常结实,"他说,我正要走出去的时候,他又添上几句:"沿着墙壁走,那儿没有围栏。不过楼梯可结实得很,脚踩下去没问题。"

我走出屋子,进入黑夜中。附近虽然还没有一丝儿风的气息,但那呼呼的风声仍在远处啸吟,今夜似乎特别黑暗;我摸索了好久,总算摸到墙,一路沿着墙走,一直走近那未完成的侧屋尽头的塔楼的门口。我摸出钥匙放进锁的眼孔中转了一下,正在这时候,我没听到风和雷的声响,却冷不防满天闪出了强烈的亮光,再一下又漆黑了。我不得不用手遮住眼睛,适应那黑暗的夜色。说真的,当我跨进塔楼时,我几乎什么都看不清了。

塔楼里面是一片漆黑,简直连呼吸也觉得困难,我手脚并用,摸索着向前走去,不多久,我的手摸到了墙壁,脚也在楼梯的最下一级上碰了一下。这堵墙壁,凭我手指的感觉,就知道是由精致的毛石建成的,楼梯的台阶呢,虽然陡而狭小,倒也是些光滑的石头,踏在脚底下又踏实又舒服。这时,我想起伯伯说过的没有围栏的话,紧紧地靠近了塔楼的一面,在伸手不见五指的漆黑中摸索着上楼,心头不禁扑通扑通地乱跳。

肖府的这幢房屋高高耸起在半空中,足足有五层楼高,还不计算顶楼在内。我越向上爬,越觉得那楼梯上非常凉爽通风,我的头脑也轻飘飘起来了。我正弄不懂为什么有这种改变时,突然,电光又一闪,我全明白了,如果说我当时喊不出声音来,那是因为我的喉咙害怕得塞住了,要说我没有跌下塔楼,这多半是上天的慈悲,而不是靠我自己的力量。的确,从墙壁四周的裂口中照进来的闪光,把一切都照得清清楚楚,我仿佛是高高地攀登在空旷的断头台上,那些所谓楼梯的台阶,不但长短不一,而且离开我的一只脚不到两寸的地方,还有着一个深不可测的窟窿。

原来是这种结实的楼梯!一股怒火随着我的思索直冲上我的心头。我伯伯把我送到这种地方来,明明是要我冒极大的危险,说不定要我送掉性命。我一定要把这个"疑端"弄个一清二楚,就是要跌断我的脖子也得干。于是我用手和膝盖摸索着前面的每一寸地,试一试每一块石级是不是坚固,像蜗牛似的慢吞吞继续向楼梯上爬去。黑暗,在那闪光的对照下,显得更黑了;塔楼顶上的蝙蝠起了一阵大大的骚动,把我闹得心烦意乱,连耳朵也嗡嗡发响,那些令人厌恶的动物,还不时地向下面飞来,有时几乎扑到我的脸上和身上。

我敢说,塔楼是座四方形的建筑物,楼梯的每一个拐角处都有一大方石块,把两层楼梯连接起来,石头的形状又各不相同。我快要爬到这样一个拐角的地方时,还照老样子一点点摸索过去,我摸到了一块石级的边,再一伸手,猛然,手一滑,一个扑空,差点儿掉了下去,原来石级到了尽头啦!在这伸手不见五指的黑暗里,要一个陌生人爬上这种地方,岂不是明明要他送掉性命,亏得那一阵闪电,和自己的机灵小心,才算保住了这条命。一想到我可能遭到的危险和可能掉下去的这么可怕的高度,身上冷汗都冒出来了,手脚也发软了。

我定一下神,知道我该怎么办了,我转身沿着原路摸索下去,心头有一股说不出的愤怒,快爬下一半,突然掠过一阵大风,吹得那塔楼也索索发抖,风息后,下起雨来,我还没有爬到楼底,它已经倾盆而下了。

我冒着急雨,探头向厨房那儿望了一眼,我记得我离开厨房的时候曾经随手把门关上了的,现在那扇门却敞开着,透出了一点微弱的光亮,在那倾盆大雨下面,似乎有一个人影儿,一动不动地站在那儿,仿佛在倾听着什么,突然,一个眩眼的闪光把一切都照耀得如同白日,原来那地方站着的就是我的伯伯。紧接着,轰隆隆传来一声响亮的雷鸣。

这一声巨响,在我伯伯的心目中,到底认为是我跌下地面的声音呢,还是他听到了上帝谴责谋杀的声响,那请你们自己去猜测吧。至少,他准是吓得魂不附体,我看见他三步并作两步地奔进屋子里,匆忙得连门也没有关上。我蹑手蹑脚地跟在后面,悄悄地走进厨房,站在那儿观察他的行动。

我看见他已经把屋角的食品橱打开,拿出一个很大的装着烈酒的方瓶,背对着我,坐在桌子旁。他像打摆子似的颤抖个不停,大声地呻吟着,一面把酒瓶挨到嘴唇边,一大口一大口把烈酒朝肚子里直灌。

我跨前一步,逼近他的座位,冷不防用双手在他的肩头上一拍,大叫:"喂!"

我的伯伯发出羊叫似的声音,两条胳臂向上一挥,就像死人一样滚倒在地上了。这一下,我自己倒也有点着慌了,不过,我先得照顾我自己,所以毫不犹豫地让他躺在那儿了。钥匙还挂在食品橱上,我的计划是:在我的伯伯清醒过来再搞些阴谋诡计以前,先把我自己武装起来。食品橱里有几个瓶子,有几个显然是装药水的,还有一大堆单据和文件,若是我有时间,我真想细细地翻阅一遍。至于一些日用品,那不是我的目的所在了。我动手搜查那几只柜子。第一只里面塞满了食物；第二只里是几个钱袋和捆成一扎扎的文件；第三只里面呢，却是些零星的杂物，大部分是衣服，我在这柜里找到一把形状丑陋的高地式短剑，刀身已经生锈，连刀鞘也没有了。我把它藏在马甲里，然后转身对付我那位伯伯。

他还在原地方躺着，缩成了一团，一只膝盖向上耸起，一条胳臂伸开着，脸色铁青，似乎已停止呼吸。我倒害怕起来了，怕他死了。我拿水对准他的脸上浇去；这一下，他似乎有点活气，嘴扭动了几下，翻了几下眼皮。临了，他抬起眼睛，瞧见了我，那眼睛里马上露出一种不是这世界上应有的恐怖的神色。

"喂，喂，坐起来吧。"我说。

"你还活着吗？"他的喉咙哽住了，"哦，孩子，你还活着吗？"

"我还不是在这里？多谢你操心！"我说。

他深深地叹息几声，喘了口气，"把蓝色药瓶给我，"他说，"把柜里的蓝色的药瓶给我。"他的呼吸越来越微弱了。

我奔到橱子那儿，真的，我在那里面找到一个蓝色的药瓶，瓶上贴着的一张纸，说明了服法，我根据这服法赶快给他吞服下去。

"我的病呀，"他清醒一点儿，"我有病，大卫。就是这颗心。"

我把他扶到一把椅子上，一面细细地端详他，这家伙悲惨的脸色，真叫我有点怜悯起他来了，不过，我心头充满的不止是那股正义的怒火。我一一地指点出来，要他给我说明：他干吗每句话都欺骗我呢，干吗不敢放我离开他呢，干吗不喜欢我提起他和我的爸爸是孪生兄弟呢？——"难道因为这一切都是千真万确的缘故？"我问他，他干吗要给我钱,我相信自己明明没有权利要这些钱的,最主要的,他干吗要千方百计地谋杀我。他默默地听完我这些责难,始终没有作声,最后才用哭丧似的声音恳求我,让他去睡觉。

"明天我准会告诉你的,"他说,"真像我迟早要一命呜呼一样。"

他是那么虚弱,我除了同意以外,还有什么办法可想呢。我把他锁在他的房间里,把钥匙藏进我的衣袋;然后回到厨房,燃起了熊熊的火焰,那准是很多年第一次才这么大放光明,我用格子花呢的衣服裹住身体,倒在柜子上安安稳稳地睡着了。

第五章　我到皇后渡口去

夜里,下了很多雨,第二天早晨就刮起一阵阵刺骨的西北风,吹动着四散的云朵。当太阳还没有向大地窥探,最后几颗星星还没有消失时,我冒着风雨,摸索着向一条小溪走去,跳进了一个有着漩涡的深深的池塘。冷水刺激着我的皮肤,弄得周身通红。我洗完澡回去后,把火拨旺了些,坐在火旁,认真地考虑我的处境。

现在,伯伯对我的敌意,已经是明摆着的事情了,不消说,我只有依靠自己,才能保全我的生命,他一定会想尽办法来毁灭我的。不过我还年轻,精神饱满,像大多数农村里出身的孩子那样,相信自己还有一套机灵的办法。我找到他家的时候,比一个叫花子强不了多少,还只是一个大孩子罢了,他却用阴谋诡计和暴力对付我。哼,要是我能占上风,把他像羊群似的赶来赶去,那倒是件无比的妙事。

我坐在那儿抚摸我的膝盖,微笑地对着火光,陷入幻想的奇境中了,我发现他的秘密已一件件被我抓住了,很快便会成为这个人的帝王和主人了。据说埃森底的魔术师造过一面镜子,人们可以从镜子里看出自己的未来。我想那镜子一定是用熊熊炭火以外的东西造的,因为我坐在火边凝视着火光里面一切形象的时候,那些我后来遭遇到的苦难的痕迹:船只、戴着毛茸茸帽子的水手、敲击我这傻脑袋的大棍子,以及这类灾难的征象,却一点也没有出现过。

当时,我给自己的种种奇妙幻想弄得飘飘然了,走上楼去,恢复了囚犯的自由。他彬彬有礼地向我问好,我也礼尚往来,问候了他一声,心满意足地对着他微笑。然后一块儿去吃早饭,仿佛上一天一样。

停了一会儿,我带着嘲弄的声调问道:"喂,伯伯,你还有什么话要告诉我吗?"他结结巴巴地不知道说了些什么,我又继续说,"我认为我们应该到了互相了解的时候了,你把我当作一个没有见过世面的乡下小伙子,以为我天生笨得像一根木头,没有一点勇气。我呢,我却把你当作一个好人,以为至少不比别人坏。看来我们都错了。我倒要问你,你为什么怕我,欺骗我,想结果我的生命……"

他喃喃嚅嚅地说:这是一个玩笑,他喜欢开开玩笑;可是他一看到我嘴角上的笑容,就马上改变调子,向我保证:等我们吃完早饭后会把一切向我说明的。我瞧他的脸色不像准备向我撒谎似的,虽然他准是在绞脑汁,编鬼话;我正要答应他时,嘭,嘭,嘭,一阵敲门声,中断了我们的谈话。

我要我的伯伯坐在原来的地方,我自己出去开门,发现门口台阶上站着一个穿航海衣服的还未长成的孩子。他一看见我,马上跳起一种活泼的水手舞来了(那种拍子和步伐,我还是生平第一次见到)。他向空中挥舞着他的手,劈劈啪啪地弹着手指,脚也随着拍子灵活地跳动着。尽管这样,他还是冷得皮肤发青;脸上又像笑,又像哭,他那愉快的姿势中露出了一种非常悲惨的叫人一看就感到难受的神气。

"你好吗?朋友。"他说,声音像破锣。

我沉着地问他有什么高兴的事。

"噢,高兴啊!"他开始唱起歌来了:

  在这么一个季节里,

  我多高兴有一个皎洁的月夜。

"喂,要是你根本没有事,对不起,我得把你关在门外了。"我对他说。

"等一下,朋友!"他高叫起来,"你难道一点不懂得逗笑吗?还是你想要我挨打?我是替老赫赛给巴尔福先生带一封信来的。"他一面说,一面拿出一封信,给我看。"喂,朋友,"他添上一句话:"我饿得快吃不消啦。"

"那么,到屋子里来吧,"我说,"我也正在吃东西,可以分一点给你。"

我把他领进屋子里,让他坐在我的座位上,他马上狼吞虎咽地对付着那些吃剩下来的早饭,吃不了几口,就对我眨巴着眼睛,还不住地扮着鬼脸。我想这可怜虫一定自以为这样才显得有男子汉气概。那当儿,我的伯伯已把信读完,一声不响地坐着,在动脑筋。蓦地,他生气勃勃地站起来,把我拖到房间最远的一个角落里。

"你看一下。"他说,把信放在我的手里。

展开在我眼前的,是下面的这些字句。

先生：

　　我派我的侍童前来通知你，我和我的船只已在这儿待了几天了。要是你对海外的事情还有什么吩咐的话，今天是最后一次机会了，因为风会平安地把我们送出海口。我还得坦白地告诉你，我已经跟你的经纪人兰基勒先生打过交道，要是不赶快清理好，那你就要遭到损失。我已经按照两抵的差额写好一张请你付款的票据。

你的最忠顺最微贱的仆人
伊莱亚斯·霍西森
发自皇后码头荷思旅馆

　　我的伯伯看我读完了信，继续说："你瞧，大卫，我跟这个家伙霍西森——他就是戴萨特①的二桅货船契约号的船长——有一笔交易，若是我们跟那个小子一块儿到那儿去，我就可以在荷思旅馆会见船长，若是有什么字据需要签字，也许要到契约号船上去，如果时间足够，我们还可以到律师兰基勒先生那儿去。自从我们闹了这一阵子误会以后，也许你不愿意相信我的话，不过你总会信得过兰基勒的。这地区中大半的上流人物都是请他当代理人的。他年高德劭，受人尊敬，也认识你爸爸。"

　　我琢磨着到停船的地方去，那儿人多，我的伯伯是不敢动手害我的，何况有那小侍童在一起，更多了一重保障。一旦到了那儿，即使我

---

① 戴萨特：距爱丁堡12哩的一个海港。

伯伯刚才的建议是口是心非,缺乏诚意,但我有把握强迫他去见一见那位律师,在我的内心里,我是多么想更接近地见识一下大海,见识那些船只。你们记得,我一辈子都是在内地的山沟子里过的。直到两天前,我才第一次见到了海,它像一片蓝蓝的地板似的躺着,在它身上移动着的船只,还没有玩具那样大。我想到这几件事,下定决心说:

"好吧,我们到码头那儿去。"

我的伯伯戴上帽子,穿了外衣,还把一柄古老生锈的短剑束在身上,他踩熄了火,把门锁好,开始踏上我们的旅途。

这儿是西北部的寒冷地区,一路上,风吹刮着我们的脸。虽说是6月天,草地上长着大片大片洁白的雏菊,树木也开放着花朵,可是,我们的指甲冻得发青,手腕也给吹得一阵阵发痛,真像严冬的天气,那遍地的白花好像12月里的寒霜。

埃比尼泽伯伯拖着沉重的脚步在田沟里走,一路上,东摇西摆,仿佛是一个才从田里归来的老农民。始终闭紧嘴巴,默不作声,而那小侍童呢,却唠叨不堪,一直缠住了我。他告诉我,他名叫兰塞姆,九岁起就一直在海上,可是他已说不出自己的岁数了,已经算不出来了。他给我看他身上刺的花纹,便在那刺骨的冷风里袒露了胸膛,一点不顾我几次三番的劝阻,我真怕冷风会把他的小性命送掉。他说的话,总是夹上几句不堪入耳的脏话,说他像一个成人,倒不如说更像一个傻学生。他信口乱吹,说他干了很多很多粗野的恶事:盗窃,诬告,甚至还有谋杀,可是他说的一切细节太过于离奇,所以尽管他吹得天花乱坠,也是马脚毕露,叫我没法相信他,只有可怜他罢了。

我问起那二桅船是条什么样的船只,他说,它是大海上最出色的船只。我问起霍西森船长,他对于这个人同样的赞不绝口。他说老赫赛(他是一直这样称呼船长的)是一条天不怕地不怕的好汉,大家说他会"把所有的篷帆扯起,朝前进,一直驶到这世界的末日",他粗野,凶猛,不讲理,横蛮,但这个可怜的小侍童却把这一切看作是男子汉大丈夫的行为,只有这样,才像个海员,才值得钦佩。他对于他的这个偶像只承认一个缺点:"他不是个真正的海员,"他承认,"是夏先生驾驶着那条船,他才是海员这一行中最最了不起的人物,就是贪几杯酒。我告诉你我真的相信他了不起!什么,你不相信吗?请你瞧瞧这儿。"于是,他褪下袜子,指给我看一个又红又大、露出了肉的伤口,我一眼看见这血淋淋的伤口,我的血也凝结了,可是他却带着骄傲的神气说:"他干的——夏先生干的。"

"哎唷!"我失声大叫,"你在他手里忍受得了这种野蛮的待遇?你又不是奴隶,他怎么可以这样对待你呢?"

"不,"那个可怜的怪物马上改变了声调,"我也要请他尝尝滋味!你瞧,"于是他给我看一把带鞘的刀子,他告诉我这是偷来的。"哼,要是他敢试试,我要他好看,叫他尝尝这种滋味!哼,他又不是第一个领教的人!"接着又喊出了一声无聊的、愚蠢的、难听的咒骂。

我对于这个愚钝的家伙只觉得可怜,在这辽阔的世界上,我还是第一次对人产生像这样怜悯的感觉。我开始认识到契约号这条二桅船,不管它的名称是多么神圣,若是跟海上的地狱相比,也不见得高妙多少。

"你没有朋友吗?"我问他。

他说英国的某一个海港里有他的爸爸(我忘了是哪一个海港了),"他也是一个好人,"他接着说,"可是他已经不在人世了。"

"天啊,难道你在岸上找不到一种正经的生活吗?"

"噢,不,"他眨巴着眼睛,露出非常狡猾的模样。"他们会叫我去学一门手艺的。我懂得的窍门值到两倍的价钱呢,真的!"

我问他,世界上还有哪一门职业,会像他现在所干的那样可怕呢,他干的这一行,不但要受到风暴和海浪的袭击,还要遭到他上司们的可怕的虐待,说不定随时可能丢掉性命。他承认这些都是事实,可是,一转口,他马上又开始赞扬起这种生活来了,他说这种生活是多么的快乐,逢到上岸的时候,可以在腰包里带上金钱,像一个大人似的随便花钱,买些苹果啊,摆架子装样子啊,还可以叫那些他称为"窝囊废"的孩子吃惊得目瞪口呆。"所以,说起来并不是完全那么糟的,"他说,"情况还有比我更糟的呢:你还没有看见那些值20镑的家伙呢,天哪!你真该见识一下他们那种悲伤的状况。真的,我见到过一个家伙,我敢说,他跟你一样的老。"(我在他眼中成了个老头儿了)"他也长了胡子,等到我们出了港口,他吃的药,药性已过,清醒过来以后,哎唷,他哭成了什么样儿了,他简直是呼天抢地,哭闹个不停!我告诉你,我还着实拿他取笑了一番呢!还有那些小家伙:他们比我还小!我告诉你,我可以叫他们乖乖地听从我的吩咐。每逢我们装运这种小家伙的时候,我自己也有一条用来鞭打他们的绳子。"他这样滔滔不绝地讲下去,到最后,我才弄明白他所说的值20镑的家伙,原来是那些给卖到北美洲当奴隶的可怜虫;一些不幸的罪犯;更不幸的,是一些无罪的人,他们被人拐骗,或者中了别人的圈套,成了私人利益和复仇的牺牲者。

这时候,我们已走到小山的顶上了,渡口和霍普镇出现在我们的眼底,在这个地方,远近闻名的福司港口逐渐狭小,其宽度和一条相当阔的河流不相上下,形成了一个往北方去的方便的渡口,再上游一点,是一个被陆地环抱、可以停泊各种类型的船只的港口,狭口的正中有一个小岛,岛上遗留着几间倒塌了的房屋。在南岸,他们建造了一个供渡口使用的码头;在码头的尽头,越过公路的那一面,在一个种着冬青和山楂树的美丽的花园前面,我可以看见那座他们称为荷思旅馆的建筑物。

皇后渡口镇躺在很远的西头,这时,船只刚装载着旅客朝北驶去,旅馆周围显得非常凄凉,虽是这样,还有一只小船泊在码头旁,小船的横板上睡着几个水手,这条船,据小侍童兰塞姆告诉我,就是两桅船的小船,泊在那儿等待船长的;离开那里约有半哩的港面上,只有一条船,孤零零地下着锚,据他说,这就是契约号。甲板上人来人往,忙乱地准备开船,帆桁已摇摇晃晃地竖起来了,水手们一面拖曳着绳索,一面唱着歌,歌声随着风向,朝我们飘来。一路上,我已经听到过关于这条船的一切,现在,亲眼见到了船,感到万分嫌恶。我从心底怜悯所有被迫在船上航行的不幸的可怜虫。

我们三人已走到山顶上了,我跑到山路的另一面,对我的伯伯说:"伯伯,我想我应该告诉你,不管怎么样,我是不到契约号船上去的。"

他似乎从梦境中惊醒过来,"什么?你说的是什么啊!"

我从头说了一遍。

"好吧,好吧,"他说,"我想我们只好称你的心愿了。不过,我们干吗要站在这儿呢?这儿冷得要死;而且,若是我没有弄错,他们正在替契约号打扮,准备出海了。"

第六章　在皇后渡口发生的事情

我们一走进那家旅馆,兰塞姆马上把我们领到楼上的一个小房间里去,房间里有一张床,还有一堆用来取暖的熊熊的煤火。靠近烟囱那儿的一张椅子上,坐着一个皮肤黧黑、神色严肃的大汉,正低着头写字。尽管房间里是那么热,他仍旧穿着一件航海用的厚外套,扣子一直扣到脖子上,一顶毛茸茸的大帽子翻了下来,盖住了耳朵;他那副冷漠、专心、沉着的神色,连法庭上的法官也望尘莫及,我还是第一次见识到这样的人物。

他看见我们,立刻站起来,上前几步,向埃比尼泽伸出了他的大手,用一种优美低沉的声音说:"见到你感到荣幸,巴尔福先生,我很高兴,你能及时来到这儿。起风了,潮水已转了,不到天黑,我们就可以看到那个'老煤桶'在五月岛的海面上烧起旺盛的煤火来了。"

"霍西森船长,"我的伯伯说道,"你把房间弄得太热了。"

"这是我的习惯,巴尔福先生,"船长回答,"我天性怕冷;我的血是冷的,先生。不论是皮毛、法兰绒,或是火辣辣的烧酒,都没法使我达到温暖的目的。先生,像大家所说的,曾经在热带的大海上烤过的人,大多数都是这样的。"

"得啦,得啦,船长,"我的伯伯回答,"什么样的人就得过什么样的生活。"

谁料到船长那些异想天开的话,竟跟我的不幸遭遇有着极大的关系。我虽然一再告诫我自己,别让那位骨肉至亲溜出我的眼帘,只因为我太沉不住气,急于想就近瞧一瞧大海,而且房间里也实在气闷得不得了,所以,当他告诉我"下楼去自个儿玩一会儿"时,我竟傻得相信了他的鬼话。

我走下楼去,让他们两人单独地坐在那儿,面对着一瓶酒和一大叠字据,我穿过旅馆前面的那条公路,走下去,走到海滩上。这一带风平浪静,微波——跟湖中的漪涟差不了多少的微波,轻轻地拍打着海岸,一些碧绿的、褐色的水草,倒还是我头一回见识到——有的很长,还有一些冒着小小的气泡,在我的手指中间啪啪地作响。从那儿,直到海口,海水冲起一股浓浓的盐味,直刺进鼻孔里;契约号的篷帆已一摺摺地悬挂在帆桁上,开始撑开去了,我看到的这一切活跃的事物,使我想象到那遥远的航程和海外的异乡。

我再望望那条小船上的水手们——他们全是些身体魁伟、晒成褐色的家伙,有的穿着衬衫,有的穿着外套,有几个在脖子上束着花花绿绿的手帕,有一个的口袋里塞了两支手枪,还有两三个带着多节的大头棒,不过每个人都有一把带鞘的刀。为了消磨一下时间,我找到一个模样儿比那些不要命的伙计和善一些的水手,跟他闲谈起来了。我询问他,那二桅船什么时候开航呢?他说,一等涨潮,马上准备航行,他说很高兴能离开这样的港口,这儿既没有酒店可以买醉,又没有女人陪伴。他满嘴不堪入耳的脏话,我只好赶快溜之大吉。

这样我只好去找找兰塞姆了,他似乎是这一帮家伙中最好的一个,他一眼看见我,马上从旅馆里向我奔过来,叫嚷着向我讨一碗潘契酒①喝,我告诉他,我可不愿意给他这样的东西,像我和他这样年纪的人,不应该沉湎在这种嗜好里面的。"不过,若是你想喝一杯淡啤酒,这我倒乐意奉陪。"他听了我的话皱起眉头,向我耷拉着鬼脸,骂着一些难听的话,尽管这样,他还是舍不得那份淡啤酒,于是不一会儿,我们已在旅馆内一间前房的一张桌子上坐了下来,两个人的胃口都很好,吃啊喝啊闹了个痛快。

我发现店老板也是这一区的人,我想,既然是这一带的人,就可以和他攀攀交情。我按照通常大多数人的习惯,也请他喝一杯;可是这家伙以为跟我和兰塞姆这样的主顾坐在一起,不免贬低了自己的身份,他爱理不理的正要离开那个房间时,我把他喊了回来,问他是不是知道兰基勒先生。

"嘿,当然啰,"他说,"他是一个非常正直的人。喂,跟埃比尼泽一块儿进来的就是你吗?"我给了他一个肯定的回答,他又问我:"你不会是他的朋友吧?"按照苏格兰的方式,那意思是说,我不会是他的亲族吧。

---

① 潘契酒:一种混合着柠檬汁、糖、香料和酒的饮料。

我告诉他不是,一点也不是。

"我想不会是的,"他说,"然而,你的相貌很像亚历山大先生。"

我说,这一带的人似乎看到埃比尼泽就刺眼。

"那还用说,"店老板回答,"他是一个可恶的老家伙,这儿很多人巴不得有朝一日能见到他给吊在一根绳子上呢!像琼妮特·克劳斯顿,还有很多被他夺去房屋,赶出屋子的人,都希望这样。话是这么说,他也曾经是一个很好的年轻小伙子。不过,那是在关于亚历山大先生的传说被宣扬出来以前的事,那就是说他可能跟亚历山大先生的死亡有关。"

"你说什么?"我问他。

"噢,就是说他杀死了亚历山大啊,"店老板回答,"难道你没有听说这件事吗?"

"他为什么要杀死他?"我又问。

"为什么?就为了要得到那些产业。"他说。

"产业?肖府的产业吗。"我说。

"我不知道另外还有什么产业。"他说。

"哎哟,是吗?是真的吗?难道我的……难道亚历山大是长子吗[①]?"

"那当然啰,"店老板说,"要不然,他干吗要杀死他呢?"

说到这儿,他走开了,本来他就不屑跟我交谈。

[①] 根据英国法律,只有长子才有继承财产的权利。

当然,这件事我老早就猜到了,不过,猜到是一回事,知道它又是一回事;我坐在那儿发愣,那一大笔财产把我搞得头晕眼花了,我简直不敢想象,两天以前从埃特律克森林的尘土中艰苦地走着的一个穷小子,现在竟是世界上的一个大财主了,有着一座房屋和广阔的田地,要是他懂得怎么骑马的话,也许明天就可以骑着自己的马也说不定。这一些愉快的事情,还有成千成百的其他的事,一股脑儿地钻进我的脑中,我虽然坐在旅馆里,直瞪瞪望着窗外,却一点也没有看到窗外有些什么东西;只记得眼睛落到下面码头上的船长霍西森的身上,他在水手们中间旁若无人地带着权威的姿态说话。不一会,他正步向房子走来,丝毫没有水手们那种粗鲁的模样,高大优美的身材显露出刚毅雄伟的姿态,脸上仍旧带着那种沉着严肃的表情。兰塞姆跟我说的那些话可不可能是真的呢,我不禁半信半疑起来了;它们跟这个人的外表太不相配了。不过,说真的,他既不是我想象的那么好,也不见得像兰塞姆所说的那么坏啊。事实上,他准是一个两面派人物,一等到他踏上他的船甲板上的时候,他马上就把那好的一面抛到九霄云外了。

接着,我听到我的伯伯在喊我,我发现他们两人已一起走在路上了。首先招呼我的,是那个船长。他说话的态度,就像招呼一个和他地位相同的人,这对一个年轻小伙子来说,未免给奉承得飘飘然了。

"先生,"他说,"巴尔福先生把你的伟大的事迹告诉我,至于我自己呢,见到你就感到喜欢。我真希望我能在这儿多耽搁几天,这样,我们一定可以成为知己朋友了;不过,我们还可以尽量利用时间,认识认识。我想请你赏光到我的二桅船上去待上半个钟头,一块儿喝上一碗,等潮涨了再走。"

说实话,我非常想见识一下船只的内部,我这种欲望,简直不是言语说得出来的;不过我可不打算去冒一下险。我对他说,我和我的伯伯已经跟一个律师有了约会了。

"唷,唷,"他说,"他已经跟我说过,不过,你瞧,这条小船会把你送到镇的码头上的,在那儿上岸,走不了多少路就可以到兰基勒先生的家了。"突然,他俯下身体,咬住了我的耳朵悄悄地说:"留心这只老狐狸,他才是祸水呢。来吧,到船上去,我跟你说一句话。"接着,他挽住我的手臂,开始向那只小船走去,一面继续大声说:"喂,我从卡罗来纳①带些什么东西来给你啊。只要是巴尔福先生的朋友,请尽管吩咐。一卷烟草?印第安人的羽毛饰物?一张野兽皮?一个石制的烟斗?一只能像猫一样喵喵地叫着的模仿鸟?还是红得像鲜血般的北美洲红雀?——你高兴要什么,随便拣好了。"

这时候,我们已经到达小船的旁边了,他伸出手来,扶着我上船。我根本没有想到要退回去。我——可怜的傻小子——还以为找到了一个好朋友和好帮手呢,我满心高兴地要去观光一下船只。我们坐好后,小船马上从码头冲了出去,开始在水上浮动了。这种新鲜的行动使我心花怒放,我看到我们所处的位置是那么的低,那些海岸是那么的奇丽,那只二桅船,当我们越划越近时显得越来越大,心里说不出的

---

① 当时的英国在北美洲的殖民地,现在是美国的两个州:南卡罗来纳州和北卡罗来纳州。

惊奇,我简直听不清楚船长说了些什么,我一定是心不在焉地信口应答了。

我们靠拢在二桅船的旁边了。坐在小船上,我看到船的高度,简直吃惊得透不过气来了,浪头轰隆隆地冲击着船舷,水手们一面工作,一面发出愉快的叫喊。霍西森宣称,一定要我和他首先登船,他下令,把大桅的帆架上的吊索放下来。于是我给吊到半空中,放落在甲板上了,船长站在甲板等候着,他立刻伸出手臂,钩住了我的臂弯。我定了一会神,觉得周围的一切都是东摇西晃的,弄得我有点儿头晕,也许还有点害怕,不过,那些新奇的事物使我快活得把什么都忘了;这时候,船长把那些最新奇的东西,把它们的名称和用途,一一指点出来,给我说明。

"喂,我的叔叔在哪儿啊?"我突然清醒过来,问道。

"是啊,这就是问题了,"霍西林说,顿时露出狰狞的面目。

这一下,我知道已经遭到毒手了。我拼命用全力挣脱了船长的手臂,向船舷奔去。果然不错,那只小船已经向镇上划去了,坐在船尾上的就是我的叔叔。我高声大叫:"救命啊!救命啊!"这一阵阵震人心弦的呼救声,响彻了停泊处的两旁,我的叔叔在座位上侧转身体,给我看到了一副十足残忍的恐怖的脸。

这是我最后看到的景象。几只强壮的手已经把我从船边拖回去了。这时,我似乎挨了一下雷霆,顿时眼前金星乱晃,倒在地上,失去了知觉。

第七章　我捆在戴萨特的二桅船契约号里驶出了海洋

　　我在黑暗中醒过来了,发觉手脚被捆,浑身疼痛,很多不熟悉的响声,把我的耳朵也几乎震聋了。那些仿佛是巨大的水闸上冲下来的水的咆哮声,巨浪的拍打声,船帆的轰轰声,还有水手们尖锐刺耳的喊叫声,同时钻进了我的耳朵。整个世界一会儿向上升起,一会儿又猛然落了下来,把人弄得头晕眼花。我的身体好似受到了刀割,没一点气力,头脑也是一阵阵的迷乱,我费尽心机,想追寻迷失了的思路,一阵新的剧痛又把我震昏过去,最后我猛然理解到,我一定被捆在这条倒霉船只的甲板下面的什么地方了,风势也一定已经增强,成了猛烈的暴风了。我清楚地感觉到自己危险的境况,我知道,眼前出现的将是一片绝望的黑暗,我深恨自己的愚蠢,一想到我的叔叔,心头燃起一股没法抑制的怒火,这一切使我再度失去了知觉。

　　等我醒过来后,那同样的咆哮声,那同样的混乱和猛烈的摇晃,搞得我头昏脑涨,耳朵里轰轰直响;我已尝到了种种的痛苦和不幸。现在,我这个不习惯海上生活的陆地居民,又得忍受呕吐的折磨。我那经历过惊心动魄的险遇的青春岁月,虽然遭受过很多的辛酸,虽然身心都受到过很大的打击,而且曾经悲观绝望过,但是这一切跟我登上这条二桅船的最初几个钟头的遭遇相比,那简直算不得什么了。

突然,听到一声炮响,我以为一定是风暴太猛烈,所以发出遭难求救的信号。一想到这种求救,连意识可能死在深深的海底的危境也抵不过心中的喜悦。然而并不是这回事,后来有人告诉我,这是船长的一个平常的习惯罢了,这一点,我倒愿意把它写在这儿,好显得即使最坏的恶棍也可能有他比较优良的一面。原来是这样的:当时我们正在离开戴萨特几哩路的地方航行,这条二桅船就是在戴萨特建造的,而船长的母亲霍西森老太太在好多年前就迁居到那儿,所以,不管契约号是出航还是归航,只要白天经过那儿,每一次都得鸣炮一响,挂起船旗来的。

不知道现在是什么时候,因为我是躺在船中的一个洞穴里的,在这臭气熏天的洞穴里,白天和黑夜已没有什么区别,那悲惨的境况更使我度日如年。所以,我究竟还要等待多久,才能听到船只在礁石上撞得粉碎,或是感到它直冲到海底里去,都没法计算了,幸好睡魔终于偷走了我的悲伤的意识。

一盏手提灯的光,照着我的脸,把我惊醒了。我面前站着一个30岁上下的矮小的汉子,碧绿的眼睛,一头乱七八糟的淡黄头发,正低头望着我。

"喂,怎么样?"他说。

我回答他的是一阵抽泣。这个来探望我的汉子把把我的脉息,摸摸我的太阳穴,替我把头皮上的伤口洗干净,包扎好。

"哎,这下挨得可不轻啊。喂,伙计?振作起来吧!这世界还没结束呢。你已经开了个头,虽然开始得很糟,总会好起来的。吃过东西没有?"

我说我看见食物就受不了,于是,他给我在一只锡制小杯子里倒了一点白兰地和清水,然后离开我,又让我独个儿照顾自己。

他第二次来看我时,我正迷迷糊糊、似醒非醒地躺着,我在黑暗中大睁着眼睛,那时候,病痛已经消失大半,可是接踵而来的却是一阵阵难以忍受的可怕的眼花、头晕。而且,我的四肢都在发痛,捆住我的那些绳索似乎正在着火,那洞穴里的气味又似乎是从我的身上发出来的。自从他上次来看我以后,在这漫长的时间中,我经历着恐怖的痛苦,有时是由于船上老鼠的急匆匆的奔跑,有几次它们啪啪嗒嗒地就在我的脸孔上奔过,还有那可怕的想象也时常缠住我发热的病体。

楼板揭开的时候,射进来的灯火的微光似乎来自天上太阳,虽然它只能让我看清了这船只——就是我的监牢——的坚固、乌黑的横梁,但这儿也足以令我兴奋地大叫起来。那个生着绿眼睛的汉子首先从梯子上下来,我注意到他的步子有点不稳,后面跟着船长。谁也不说话,那先下来的人动手替我检查,像以前那样替我包扎了伤口。霍西森露出一脸凶狠狠的古怪的神色,在一旁望着我。

"船长,现在你总亲眼看见了吧,"那个人说,"发着高烧,失去食欲,没有光亮,没有东西吃,你知道这是什么意思。"

"我不是魔术师,雷契先生。"船长说。

"请原谅我的直率,船长,"雷契道,"你的肩膀上顶了一颗很好的头颅,又天生一张能说会道的苏格兰人的嘴巴,不过我可不让你有什么借口,我要把这孩子从这个洞穴里带出去,安置在前甲板下面的水手舱里。"

"先生,你想要干什么,那是你自己的事,跟谁都没有相干,"船长回答,"不过我可以告诉你,事情就是这样。这个小家伙留在这儿,他只配留在这种地方。"

"你得承认,你已经按劳取酬了,"另一个说,"我很谦恭地请求你饶恕我直言不讳,我可没有到手多少。分是分给我了,不过作为这只破木盆上的二副,我拿到的太少了;你知道得很清楚,我是尽了最大的力量赚这笔钱的,可是我的付出与我的报酬不相称。"

"雷契先生,要是你能够不再去碰一下那只锡杯子的话,我也不会对你发什么牢骚了,"船长反驳说,"我劝你别尽打什么哑谜,我大胆说一声,你最好闭紧你的这张嘴巴吧。"接着,他用较为尖锐的语气说:"甲板上需要着我们呢。"他的一只脚已踏上了梯子。

雷契先生一把拉住他的袖子。

"承认你已经得到了报酬,去干一件谋杀……"他开始说。

霍西森猛地回过头来,对着他大叫:

"什么?你说什么?"

"我想我说的话,你应该明白。"雷契先生回答,盯住船长的脸,连眼皮也不眨一下。

"雷契先生,我跟你已经一块儿出航过三次了,在这么长时间里,先生,你总应该懂得我,我是一个刚强的人,并不是一个脓包,而你现在说出这种话来——呸!呸!那是坏良心和黑心肠的人才说得出来的。不过你说这个小子会死……"

"是的,他会死掉的!"雷契先生回答。

"好吧,先生,这还不够吗?"霍西森说,"随你高兴把他扔在什么地方好了!"

话说完,船长已经爬上了梯子。在他们进行这场奇怪的谈话时,我始终静悄悄地躺着,这时候,我看见雷契先生对着船长深深地鞠了一躬,脑袋几乎碰到自己的膝盖,很明显,这不过是一种嘲弄罢了。即使在我那样的病痛的情况下,我也看出了两件事:一、这位二副正如船长所暗示的喝过烧酒;二、(不管是醉是醒)他很愿意让人知道:跟他交朋友、攀交情,是不会吃亏的。

5分钟后,捆住我的绳子被割断了,他们把我抬起,放在一个大汉的背上,由他背着我走上梯子,带到前甲板下面的水手舱里,让我躺在铺着几条水手用的毯子的床铺里。我一到那里,立刻又失去了知觉。

真的,我睁开眼睛时能重新看到阳光,看到自己跟人们在一起,的确是件值得感谢上帝的事。这个水手舱相当宽敞,放满了床铺,在下面看守的人,有的坐在铺上抽烟,有的躺着睡觉。这一天风和日丽,明朗的亮光从敞开的小窗中照了进来,而随着船身的摆动,不时射进一道阳光,还看得见阳光里的微小的尘土,把我照得眼花缭乱,心里真感到高兴。还有,我一睁开眼睛,马上就有人替我拿来了雷契先生所准备的药水,他叫我静静地躺着,说我不久就会复原。我的骨头并没有折断,他解释道:"脑袋上挨一下算不了什么,"他又说,"老乡,那一下是我给你的!"

我在严密的监视下躺了好多天,不仅恢复了健康,也渐渐熟悉我的同伴们了。不错,他们跟大多数水手一样,是些粗鲁的家伙,他们被剥夺了人生中一切同情,被迫到汹涌的大海上忍受颠簸的痛苦,而他们的主人们呢,蛮横凶暴的程度不在残酷的大海之下。他们中间,有些人曾经跟海盗一起闯过海,他们见到过的事情连说说都会叫人脸红;有些人是从皇家船舶上逃跑出来的,绞刑架上的绳索随时都可能套上他们的脖子,这些事情他们并没有隐瞒,正是俗语所说的尽是些"一言不合就拔刀相向"的家伙,连对他们的知己朋友也不例外。当初我在渡口码头上的时候,曾经强把他们当作是些肮脏的野兽,而避开了他们,等我关在船上,跟他们在一起待了几天以后,却为自己那个先入之见感到惭愧了。天下没有一个彻头彻尾的恶棍,谁都有他的缺点和优点,那水手也不例外。不错,他们的确相当粗野,甚至可以说很坏,可是他们也有很多的美德。有时候,他们很仁慈,朴质得连我这个单纯的乡下孩子也自叹不如,而且有时也很诚实。

有一个水手,年约40,他会在我的床铺旁一连坐上好几个钟点,喁喁地向我诉说他的妻子和孩子的事情。他本来是一个渔民,失掉了渔船,被迫从事这种深海上的航行。不错,这是多年以前的事了,直到现在,还没有忘掉他。他时常向我夸耀的那位比他年轻的妻子,望眼欲穿地等待着她的男人归去,结果成了泡影;他再也不会在早晨替她生起灶火了,也不会在患病的时候照顾他们的幼儿了。真的,像事实所证明的,这些可怜的家伙,他们中间很多人正进行他们最后一次的航行;深深的大海和吃人的海鱼接待了他们,对于这些已脱离人世的人,我何必再说他们的坏话呢。

他们所做的好事中,有一件,就是把已经瓜分了的钱还给了我,虽然少了三分之一,能够拿到它,我还是非常高兴,等我到了目的地,希望这笔钱会对我有很大的帮助,这条船是开往卡罗来纳去的,你们切勿以为他们只是把我放逐到那儿就算了。如今,奴隶买卖已经非常萧条;随着殖民地的革命和合众国的形成,这种买卖当然已是穷途末路;不过,在我年轻时的那些日子里,仍旧有人把白人卖到种植场上去当奴隶的,而我那狠毒的叔叔就是要让我遭到这种命运。

船长的小侍童兰塞姆(我是从他那儿第一次听到这种种残酷的暴行的),是在后甲板室工作的,也是睡在那儿的。他时常跑来看我,一会儿咬紧牙关,默默地抚摸那一条青肿瘀血的腿,一会儿又破口大骂夏先生的残暴。这使我心头冒血;可是,水手们对这位大副却很尊敬。他们说,他是"全体海员中数一数二的人物,他清醒的时候,绝不是这样凶恶的"。的确,我发现我们的大副和二副也真古怪:雷契先生只要不喝酒,就整天绷紧着脸,凶暴而苛刻;而夏先生呢,除非一杯下肚,否则连苍蝇也不愿伤害一只的。至于船长呢,他们告诉我,喝酒也罢,不喝酒也罢,对他这样的铁汉根本没有什么分别。

在这一点儿时间内,我尽我最大的力量,想使这可怜的小家伙兰塞姆像一个人样儿——毋宁说更像一个孩子的模样。可是他的头脑简直不是人的头脑。他根本记不起他参加海上生活以前的事情,只记得他的爸爸是个钟表匠,客厅里有一只会唱《北方的国土》的八哥鸟;除了这些,统统给这些年来的苦难的生活磨灭了。他对于陆地上的事情有一个奇怪的想法,那是从水手们的故事中听来的。他认为陆地上就是这么一种地方:男孩子们给送去学手艺,当奴隶,学徒们成天挨打,给关进肮脏的监牢里。市镇上的人呢,倒有一半是拐子,三户人家之中,就会有一家是开会把水手们毒死害死的黑店。为了改变他这种想法,我告诉他,陆地上并不像他所想象的那么可怕,我在那儿曾经受到多么仁爱的照顾,我的朋友们和我的父母又给我吃得多好,对我又是多关心。于是,如果他刚遭到毒打,就会痛哭一场,赌神罚咒地要逃跑;可是,只要他仍旧是那么的疯疯癫癫,或者,更糟的是,如果他在后甲板室喝了一杯烈酒,那他会嘲笑我的见解的。

给这个孩子喝酒的是雷契先生(愿老天爷饶恕他吧),不消说,他原来出自一片好心,可是,这却毁了这孩子的健康。再有,见到这不幸的没人疼的孩子东摇西晃,跳啊闹的,尽说些他自己也莫名其妙的话,真叫人感到有说不出的可怜。有些人看了哈哈大笑,不过并不是所有的人都这样,其他的人看了变得脸色铁青(也许想到他们自己的童年或他们的孩子吧),要他别这么胡闹,要他想想自己是在干些什么。至于我呢,我连望他一眼也感到耻辱,这可怜的孩子的形象,一直到现在仍旧会在我的梦境中出现。

你要知道,在这一段时间里,契约号一直是逆风前进,在迎面滚来的巨浪中上下翻腾,于是,船舱里的那扇小窗几乎经常关闭,只有一盏挂在横梁上的晃来晃去的油灯照着亮。全体人员忙得不亦乐乎,船篷在一个小时里扯了又落,落了又扯。从每一个人的脾气中,也可以知道紧张的情况,一张张的铺位上成天响着拌嘴吵架的咆哮声。我是不准到甲板上去的,你们可以想象出,我这样的生活变得多么的烦闷啊,又多么希望有一个变动。

我终于会有一个变动的,你们也将要听到,不过我先得说一说我和雷契先生的一场谈话,这次谈话使我多多少少忍受住我的苦恼。有一次,我碰见他喝了酒,正高兴的时候(真的,他清醒时,连走近来瞧我一下也不干的),我要他发誓保守秘密,而把我的事情原原本本地告诉了他。

他说这真像是一首山歌,表示愿意竭尽全力地帮助我,让找到纸、笔和墨水,以便给坎贝尔先生和兰基勒先生写上几笔,还说,如果我讲的都是真话,那他(靠了他们的帮助)十之八九能够使我脱险,恢复自由的。

"目前,你应该振作起来,"他说,"我告诉你,又不是你独个儿是这样的。很多本来应该在家乡骑着高头大马的人,现在却在海外的烟草地里铲除野草;这种人多得很呢!生命吗,有种说法挺好,不过像一本有各家注解的书籍。瞧瞧我吧:我本来是一个地主家的少爷,差不多够得上一名医生的资格,而现在呢,却在这儿给霍西森当差!"

我想,为了礼尚往来,该问问他本人的事迹了。

他却大声地吹起口哨来了。

"没有什么好说的。"他说,"我喜欢开开玩笑,没别的。"于是他跳出了我们的船舱。

第八章　后甲板室

一天晚上,约莫9点钟的时候,一个在甲板上值班的雷契先生的手下人下来取他的外套。顷刻之间,前甲板下的水手舱里到处交头接耳起来了,传说:"夏到底把他送回了老家,"那已经不用再提名道姓,我们都知道指的是谁;不过,我们还来不及好好想一下,更来不及谈起它时,舱里的小窗又猛然一下子飞开,从梯子上走下来船长霍西森。凭着摇晃的灯光,看见他严厉地朝各张床铺环顾一下,然后,笔直走到我的跟前,用出乎意料的温和口吻称呼我,说:

"我的伙计,我们要你在后甲板室服务。你跟兰塞姆对调一下床位吧。赶快到船尾去。"

他说话的时候,两个水手在小窗口出现了,臂弯里抬着兰塞姆。这当儿,船正弯弯曲曲地在白浪滔天的海面上航行,油灯一阵阵乱晃,光亮笔直地落到了孩子的脸上。他的脸色白得像纸,似乎还堆起一种可怕的笑容。我的血都冷了,呼吸也紧促了,仿佛我也挨了一顿毒打似的。

"赶快到船尾去,赶快!"霍西森大吼。

一听见这种声音,我飞快地穿过水手们和那一动不动、无声无息的孩子的身旁,奔上梯子,上了甲板。

二桅船正顶着滚滚而来的巨浪前进,它迅速地避过一个涌起的浪峰,船身不停地摇晃,海风斜斜地吹击着它的右舷,在左面前帆底下拱起的地方,我看见还相当明亮的晚霞,在这三更半夜,竟出现这一种景象,我不由得大吃一惊;可是我太无知了,不知道其中的原因:原来我们正沿着苏格兰沿岸向北方航行呢①,为了躲避班特兰湾危险的潮流,我们正行驶在奥克尼群岛和设得兰群岛之间的深海上。我因为在黑暗中关得太久了,一点不知道那些顶头风,还以为是在大西洋的海面上,可能已渡过了大半个海洋。说真的,除了对深夜出现的晚霞有点儿惊诧外,我什么都没有注意到,我一股劲地向前直冲,奔过各个甲板,一会儿抓住绳索,一会儿又在颠簸摇摆的船上狂奔,若不是甲板上一位始终待我很好的水手拉我一把,早已一个筋斗,翻下海去了。

我向那将要做我睡觉和工作场所的后甲板室走去,这间后甲板室比甲板高出6呎,从二桅船的整个面积来看,它算是一个相当大的房间。里面装置着一张固定的桌子和长凳,两张床铺——一张是船长的,另一张由大副、二副替换着睡。上上下下都装置了橱柜,收藏头儿们的财产和船上一部分粮食、衣物;下面,从甲板中央的一个舱口走下去,还有一个储藏室,所有最好的肉食、饮料和全部弹药都收藏在这

---

① 苏格兰最北面的设得兰群岛已邻近北极圈,在夏天,看得到上述的奇景。

地方。至于枪炮,除了两门黄铜铸的大炮以外,都安放在后甲板室的靠近船尾的壁架上。大部分的刀剑放在另一个地方。

房间的每一面都有一扇小小的百叶窗,顶上开了一个天窗,白天从这儿照进了光亮,天黑后,通宵不熄地点起一盏灯。我走进房间的时候,灯仍旧点着,虽然不亮,却足以映出坐在桌子旁的夏先生的身影,在他的面前,放着一瓶白兰地和一只锡制的小杯子。这个结实、黧黑的大汉,却像一个傻子似的直瞪瞪望着面前的桌子。

我踏进房间,他望也不望我一眼,连船长跟在我后面进来时,他也没有动弹一下。船长侧转身子,靠在我身边的铺位上,他脸色铁青,望着这位大副。我非常害怕霍西森,我有十足的理由怕他,不过,在这种时刻,我知道用不着怕他什么了,我悄悄地在他耳朵旁问道:"你怎么啦?"他摇摇头,仿佛他既不知道什么,又不希望去想似的,表情非常严肃。

没一会儿,雷契先生进来了,他向船长递过一个眼色,那明显地说:孩子已经完了,然后像我们一样站在那儿,于是我们三人都一言不发,低下头,凝视着夏先生,而夏先生自己呢,也是抿紧嘴巴坐着,目不转睛地向桌子呆望着。

猛地,他伸手抓住了酒瓶,冷不防雷契先生一个箭步,夺他手里的酒瓶,这一下来得那么突然,雷契毫不费力地抢走了酒瓶,并连咒带骂地大叫起来了,说这类的事儿干得太多了,这条船会遭到上天的惩罚的。他一面说,一面握住酒瓶,把它从那敞开着的饱经风霜的滑动门外面扔进大海里。

夏先生一下子站起来,仍旧是醉眼蒙眬,但脸上透出一股杀气,真的,若不是船长插手进来,挡开了他和他的牺牲者,那末,这一晚,他一定又一次的下了毒手。

"坐下!"船长咆哮道,"你这个酒鬼,畜生,你知道你干了些什么吗?你把那孩子杀死啦!"

夏先生的心头似乎还清醒,他重新坐下,把一只手按在额角上。

"可是,他拿了个脏杯子给我啊。"他说。

听到这句话,船长、雷契先生和我不禁吃惊得面面相觑,相对望了几秒钟,接着,霍西森走到他的大副跟前,抓住他的肩膀,领他横过房间,到他的床铺上去,仿佛哄一个坏孩子似的要他躺下睡觉。那杀人犯嘀咕几声,终于脱去了那双水手靴子,服从了。

"哎!"雷契先生迸出怕人的声音叫道,"你早就应该干涉,现在太迟了。"

"雷契先生,"船长说,"今晚的事,无论如何不能让戴萨特的人知道。先生,事情应该这么说:孩子失足掉到水里去了,我愿意拿出五个英镑,说这是千真万确的事!"他转过身来,望着桌子说:"你干吗把那么好的一瓶酒丢掉?先生,这实在是无意识的举动。喂,大卫,再替我拿一瓶来。它们都放在底下的柜子里。"他把钥匙扔给我,转身对雷契说:"先生,我看你自己也需要喝一杯,那件事看了叫人恶心。"

于是,两个家伙坐了下来,亲亲密密地喝酒,而那个杀人凶手,刚才还躺在床铺上抽抽噎噎地哭着,这时也用肘子撑起身体,骨碌碌地望着我们。

这就是我第一晚的新差使,到了第二天,我对这一套工作已经干得很在行了。他们吃饭的时候,必须由我来侍候。船长吃饭有一定的时候,他跟他的不值班的副手一块儿进餐。整个白天,我必须带着一瓶酒,照应三个主人中的任何一位的呼唤,来回地奔跑着;到了晚上,就用毯子一裹,睡倒在后甲板室邻近船尾的舱板上,那儿正好在两扇门的通风口上。这一个铺位又硬又冷,而且,总有人来打扰我,不让我安安稳稳睡一觉;人们在甲板上来回走个不停,喝上一杯,等到换班时,时常有两三个人同时进来,捧住一碗酒,咕咚咕咚地往喉咙里灌下去。我不知道他们是怎么保持健康的,也不知道我自己的健康是怎么维持下去的。

不过,另外的工作倒很轻松。既不用铺桌布,食物又很简单,不是麦片粥,便是腌牛肉,一星期才吃上两次布丁。虽然我相当的笨拙,两条腿还不能在颠簸的海船上站稳,有时候连人带物一块儿跌倒,幸好雷契先生和船长非常的宽容。我想他们所以会这样,一定是他们在弥补良心上的罪过,若不是他们曾经虐待过兰塞姆,那他们是不可能这么对我的。

至于那夏先生,烈酒或他的罪恶,或者这两者,确实已经使他心神不宁。我根本未见到他神志清醒过。我一出现,他就开始局促不安,常常目不转睛地望着我(有几次,我可以看出,他还带着恐怖的神色)。每逢我替他端汤上菜,他不止一次躲开我的手。这样,我一开始就断定,他一定连自己也不清楚究竟干了些什么,在我进入后甲板室的第二天,我这个想法就获得了证明。那天,只有我们两人在一起,他两眼盯着我瞧了好久,突然站起来,脸色惨白,向我渐渐逼近,这一下把我吓得魂飞魄散,其实呢,我根本用不着怕他。

"你以前没有在这儿待过吗?"他问我。

"没有,先生。"我回答。

"此地还有过别的孩子吗?"他又问我,等我答后,他喃喃地说:"哎!我想是这样。"他回去坐在原来的地方,抿紧嘴,除了叫我拿白兰地以外,不再说一个字。

你们也许会感到奇怪吧,我虽然见到这一切可怕的事,却仍旧替他觉得难过。他结过婚,妻子住在利斯。我记不得他是不是有孩子,希望他没有。

总的说来,我所经历的那段生活,也不算十分艰苦,而且像你们将要知道的,时间也并不长。我吃的跟他们当中吃的最好的人一样,甚至那些美味的精品——他们的泡菜——也允许我能分到一份。而且,若是我喜欢的话,我可以像夏先生那样从早到晚埋在酒杯里。我还找到了一个伴侣,在这帮家伙中还算是一个好的伴侣,那就是雷契先生,他曾经在大学里念过书,只要逢到他没有拉长着脸,他会像朋友似的跟我说话,把很多希奇古怪的事告诉我,有些根本是闻所未闻。甚至那位船长,虽然大部分时间严厉地对待我,有时也会放松一点儿,把他到过的一些好地方介绍给我。

不消说,可怜的兰塞姆的影子一直压在我们四个人的心头,特别是我和夏先生,更觉得沉重。何况我还有我自己的苦恼。在这儿,我在替三个我所瞧不起的人干着肮脏的杂务,而其中至少有一个是应该吊在绞刑架上的；这仅仅是目前的情况，至于将来呢，可以设想自己在那烟草地里跟黑奴们并排地做着苦工。雷契先生，也许由于谨慎，从来不让我再提起我的事：我曾经试图勾起船长谈话的欲望，他却像对付一只狗似的拒绝我，不愿意听我讲一个字；日子一天天地过去，我的心境越发消沉了，于是乐意一天到晚地干活，好没有时间思索一切。

第九章 束着金腰带的人

一个多星期过去了,一路上被厄运追逐的契约号,现在更显得每况愈下了。有几天,它在航行中有一点儿进展,另外几天,反而向后倒退。终于,我们被风浪冲击得向南方飘去了,在第九天,整整一天,船只忽前忽后地颠簸不停,我们已看得见愤怒角和它那满是凶恶的岩石的海岸。接着,船老大们开了一次会,我并不真正懂得他们决定了些什么,只看见这个决定的结果:我们是在逆风中顺着点风势航行,正向南方驶去。

第十天的下午,浪头开始低落了,一片浓厚、潮湿、白色的迷雾,笼罩了船只,站在船只这一头的人望不到那一头;整个下午我每次到甲板上去,总看见水手和船老大们站在船舷上,拼命地倾听着,"去找碎浪啊①!"他们说,虽然我不太懂得这句话的意义,却感觉到危险的临近,心头很激动。

---

① 水手话:指探索暗礁。

也许是晚上10点钟左右吧，我正侍候雷契先生和船长吃晚饭，船突然和什么东西撞了一下，发出一声巨响，接着听到了大声的叫喊。我的两个主人双脚一跳，站了起来。

"它触礁啦！"雷契先生说。

"不，先生，"船长说，"我们只是撞翻了一只小船。"

他们急匆匆跑了出去。

船长说对了。我们在迷雾中撞翻了一只小船，那小船在中间裂开，沉到海底去了，全体船员只有一个人遇救。我后来听说，这个人是个旅客，当时，其余的人坐在船板上划着，他坐在船尾。相撞的时候，船尾飞到半空中，他因为两手脱空，只有一件拖到膝盖下面的粗绒大衣阻碍着他，他纵身一跳，抓住了二桅船船头上的斜桅。他靠了运气、轻快敏捷的动作和超凡出群的气力，才在这样一场灾祸中幸免于难。然而，当船长把他带进后甲板室，我第一次看见他时，他的神色跟我一样的沉着。

他身材矮小、结实，像山羊一样的敏捷，脸晒得很黑，密密麻麻地布满了雀斑和小麻点，露出一副优美坦白的表情；他的眼睛是异常的晶莹，瞳仁里闪动着一种疯狂的神情，既动人，又令人吃惊，当他脱掉那件宽大的外衣，把一对镶银的漂亮的手枪放在桌子上时，我看见他身上还佩带一柄巨大的宝剑。还有，他的态度很优雅，彬彬有礼地向船长表示好意。我一看到他，马上觉得像他是可以当作朋友而不是敌人的这样一种人。

船长也在细细地端详他，不过，船长所注意的是这个人的衣饰，而不是他本人。真的,他一脱掉那件大衣,后甲板室里的人们的眼睛顿时一亮:他头戴一顶插着羽毛的帽子,穿一件红色的马甲,黑丝绒的骑马裤,蓝外套上钉着银纽扣和配着美丽的银色花边。这些衣服昂贵华丽,只是因为沾上了雾水和穿着它睡觉,已经稍微有点儿损污了。

船长首先开口说:

"先生,我替那只小船难过。"

"一些勇壮的人掉到海底去了,"那陌生人说,"我宁可损失十多条小船,也不希望从此见不到他们。"

"你的一些朋友吗?"霍西森问。

"在你的家乡,你休想找到这样的朋友,"那汉子说,"他们为了我,可以赴汤蹈火,牺牲自己的生命。"

"哎,先生,"船长回答,仍旧端详那汉子,"世界上有的是人,要找寻装载他们的小船,那倒不很容易。"

"这也是实话,"那家伙叫道,"先生似乎很有眼力。"

"我曾经在法国待过,先生。"船长说,显然他是话中有话。

"不错,先生,"另外那位说,"很多出色的人物也在那儿待过。"

"先生,那还用说,还有出色的外套呢。"船长说。

"啊哈!"那外乡人叫起来了,"所以风是这么吹的吗?"他的手迅速地按住自己的手枪。

"且慢,且慢,"船长也叫道,"在你还没有看出有必要以前,请别闹出乱子来,老实说吧,你身上穿的是一件法国兵的衣服,嘴里说的却是苏格兰话。不过,在这些日子里,很多正直的人都是这样的,我敢说,这也没有什么不好。"

"是这样吗?"那位穿漂亮衣服的绅士说,"您属于那个正直的党派吗?"(意思是:他是一个约各党①人吗?因为在这些内部骚乱的时日,每一方面都替自己加上了一个正直的名称。)

"唔,先生,"船长回答,"感谢上帝,我是一个绝对忠实的新教徒②,"(这是我第一次听到他提起宗教,我后来才听说,他在岸上,是一个经常到教堂去的虔诚的教徒。)"不过,我看到别人被逼得无路可走,我也会替他难过的。"

"你真的能这样吗?"那个约各党人问道,"好吧,先生,对你坦白说吧,我就是四五、四六年间遭难的那些正直人中间的一个。索性告诉你实话,若是我落到随便哪一个'红外套'的手里,就要遭殃。这一次我是要到法国去,有一艘法国船行驶到这儿,要把我接走。想不到因为这场大雾,它错过了我们——我心里倒希望是你错过了我呢!现在,我诚恳地说:我仍旧要到那地方去,要是你能把我送到那儿上岸,一定尽我力量,多多地酬劳你。"

"在法国上岸?"船长说,"不,先生,这可办不到。不过,送你到你

---

① 约各党人:原指英王詹姆斯二世退位后拥护他及子孙的一派,詹姆斯属于苏格兰的斯图亚特王族,1688 年失去英国王位后,流亡到法国,于 1701 年死去。在苏格兰高地前后发生四次约各党人的暴动,企图拥护詹姆斯或其后裔恢复王位,最后一次发生在 1745 年,詹姆斯二世之孙"美王子"查利由法国至苏格兰登陆,率军 6000 人南进。第二年失败,查利和很多高地人的首领逃亡到法国。本书若干情节与最后一次约各党人暴动有关。
② 指当时英国拥护英王乔治的新教徒。

出发的地方——那我们还可以谈谈。"

不凑巧得很,他看见我站在角落里,就把我调开,要我到厨房里去替这位先生拿晚饭。我告诉你,我是快去快回,没有浪费一点时间。等我回到后甲板室时,我看见那位绅士解下一条装着金钱的束腰带,向桌子上倒出一两枚金几尼。这时候,船长鼓出了两颗眼珠子,盯住那些金币,慢慢儿,眼锋落到那个束腰带上面,然后对那位绅士的脸瞧了一眼,看上去他似乎很激动。

"分一半给我,我就替你效劳!"他叫道。

那位陌生人把金币拨进腰带里,重新束在马甲里面,说:"先生,我已经告诉过你,这些钱,连一个子儿也不是我的,那都是我首领的钱,"——说到首领两字,他碰了一下自己的帽檐——"要是我为了吝惜一点小钱,而使其余的钱遭殃,那我只是个愚蠢的使者。可是,假使为了保全自己的生命,竟付出太高的代价,那我才是条卑鄙的狗。30块金币,送我到海边,或者,60块,如果我能到林尼湾的话。要是你愿意,那么请你拿去。否则,那就算啰。"

"嗳,"船长说,"如果我把你交给那些兵士呢?"

"那你做了一笔傻买卖了,"这位先生说,"让我告诉你吧,先生,我的首领跟苏格兰每一个正直的人一样,被没收了财产。现在,他的田庄是在那个被大家称为乔治国王的家伙手里了。国王的官儿们收租,或者正在设法收租。不过,为了苏格兰的荣誉,贫苦的佃户们仍旧想念着他们那位流亡的首领。而这笔钱,就是乔治国王指望着的那笔地租的一部分。好吧,先生,我看你似乎也是一位明白人,你总知道,这笔钱落进政府的手里,有多少会到你的手里呢?"

"那一定很少,"霍西森说,接着,他冷淡地加上一句:"若是他们知道的话。不过,如果我想那么干,我可以闭紧嘴巴,不提起这笔钱的。"

"哼,那我可以在那儿捉弄你一下了!"那位绅士叫道,"你要跟我耍花招,我就一报还一报。要是有人抓住了我,我就让他们知道这钱是怎么一回事。"

"好吧,"船长回答,"说干就干,行,60块金币,一言为定。"他伸出了手。

"一言为定。"那位先生也把手伸了出来。

船长走出后甲板室后(我想他走得相当匆忙),只留下我跟那位陌生人。

提起1745年之后的那段时期,很多流亡的绅士冒着生命危险,跑了回来,他们或是来探亲访友,或是回来收集一点儿钱,由于那些苏格兰高地的头儿们都被没收了财产,所以,大家都在传说:他们的佃户会怎的缩衣节食,把钱供给他们使用,他们的族人们又会怎样不顾兵士们的逮捕,把钱拿到手,在我们强大的海军的攻击下,带着它渡过海峡。当然啰,这些传说,我早已听说过,而现在呢,在我的眼皮底下,就有这样一个为了这种种原因,随时可能丢掉性命的人物,何况他又多了一条罪名,因为他不光是造反,不光是偷运地租,还替法国国王路易服务,而且仿佛这一切还不够似的,竟还束了一条装满金币的腰带。所以,不管我自己怎么看法,亲眼看到这样的人物,不能不感到极大的兴趣。

"原来你是一个约各党人。"我给他端晚饭时说。

"哎,"他动手吃起来,说道,"你呢,看你这张哭丧脸,该是一个费格派①吧?"

"我是中间派,"我说,不想惹得他不高兴。其实,我正是像坎贝尔先生所能教育出来的一个标准的费格派。

"那也没有什么,"他说,"不过我说,中间派先生,"他又添了一句,"你们的这个酒瓶空了,如果拿了我60块金币,又舍不得一杯酒,那未免太刻薄了。"

"好吧,我就去要钥匙。"我说,踏上了甲板。

迷雾还是那么浓,浪头倒差不多低落下去了。船只已经停住,可是他们不知道是停在什么地方,风又微弱,对那正确的航行方向起不了多大作用。有几个水手正侧着耳朵,倾听着"碎浪";船长和他的两个副手却在中部的甲板上,交头接耳,不知道谈些什么,我心中一动,猜想他们一定又在搞什么鬼花样了,我悄悄地走近他们,钻进我耳朵里的第一句话更使我相信自己的判断。

那是雷契先生,他似乎突然想到什么,说道:

"我们可不可以把他骗出后甲板室呢?"

"最好让他留在那儿,"船长回答,"那他没法施展他的宝剑了。"

"是的,这也有理,"雷契说,"不过,可不容易接近他啊。"

"呸!"霍西森说,"我们可以在谈话时暗算他的,每一边站一个

---

① 费格派:是指那些忠于国王乔治的人。——原注

人,按住他的两条胳膊;若是这一下也不行,我们就从两扇门口冲进去,趁他来不及拔剑时,打他个措手不及。"

听到这些话,我对于这些同船的阴险、贪婪、狠心的家伙不禁又害怕,又愤怒。起先我想跑开不管,再想一下,就产生了一个更勇敢的想法。

"船长,"我叫道,"那位绅士要酒喝呢,酒瓶空了。可以把钥匙给我吗?"

他们都吓了一跳,转过身来。

"啊,这是我们拿到火器的好机会!"雷契叫喊起来,然后,对我说:"大卫,你听着,你知道收藏手枪的地方吗?"

"是的,是的,"霍西森插嘴说,"大卫知道的。大卫是个好孩子。你瞧,大卫,我的孩子,那个野蛮的高地人是船上的祸害,何况他又是国王乔治的大敌,愿上帝祝福他吧!"

自从我来到船上以后,还从来没有人这么大卫长、大卫短的这样亲热地叫我,不过我答应了"是",仿佛我所听到的一切都是非常自然的事。

"麻烦的是,"船长继续说,"我们所有大大小小的火枪、火药,统统都放在后甲板室里,就在这家伙的鼻子底下。要是我、大副或者二副跑进去拿,他会疑心的。不过,大卫,要是像你这样的孩子,出其不意地拿走一个角制的火药筒,或是一两支手枪,那不会引起注意的。如果你干得很聪明,我会把你记在心上,等我们到了卡罗来纳,你就知道有了我们这些朋友,你不会吃亏。"

这当儿,雷契先生在他的耳朵边悄悄地说了几句。

"先生,非常对,"船长说,接着又对我说,"你瞧,大卫,那家伙的腰包里尽是金钱,我答应你,你也可以分到一份。"

我告诉他,我愿意照他的意思去做,虽然我说话时简直透不过气来,他听到我这么说,把酒橱的钥匙给了我,我开始慢吞吞地回到后甲板室去。我怎么办呢?他们是狗!是盗贼,他们把我从我的家乡抢了来,他们杀死了可怜的兰塞姆;难道我会为虎作伥,帮助他们再干一次谋杀的勾当!可是,假使我不这样干,很明显,我就有遭到死亡的可能;光是一个孩子和一个大人,就算像狮子一样的勇猛,也怎么能跟全体船员对敌呢?

我还在反复地盘算,想不出好办法时,两只脚已踏进了后甲板室,我看见那个约各党人正在灯下吃晚饭;一刹那间,我把心一横,打定主意。反正我非这么干不行,这不是由于我的选择,不能归功于自己。我笔直地向桌子走去,把手朝他的肩头上一放,说:

"你是不是想要被人杀死?"

他两脚直跳起来,望着我,那副神情,一看就知道有话要问我。

"噢!"我叫道,"他们这儿的全是些杀人犯;一船都是这些家伙!他们已谋杀了一个孩子。现在轮到你了。"

"好吧,好吧,"他说,"可是他们还没有把我干掉。"接着,他好奇地望着我,"你会跟我站在一起吗?"

"我当然会啰!"我说,"我不是盗贼,又不是杀人犯。我会跟你在一起的。"

"那很好,"他说,"你叫什么名字?"

"大卫·巴尔福。"我说,接着,想到衣着这么漂亮的人一定喜欢人家也是高贵出身,于是,我第一次加上一句:"肖府的。"

他是不会怀疑到我这一层的,高地人已经看惯了一些穷得不剩一个小钱的世家子弟,不过,因为他自己也没有田庄,我的话引起他的非常孩子气的虚荣心。

"我姓斯图亚特①,"他说,挺了挺自己的腰杆。"他们叫我艾伦·布雷克。一位国王的姓也就是我的姓,虽然我把它看得很平淡,但我不喜欢人家拍拍屁股,把它看得一钱不值。"

仿佛这一声斥责是最重要的事儿似的,他说完后,才转过身子,检查我们的防备措施。

这个后甲板室的构造非常结实,可以抵挡海浪的冲击。五个洞孔中,只有天窗和两扇门容纳得下人的身体,可以打那儿出入。只要把门关紧,保险万无一失:它们全是坚固的橡木,门板上刻着一轮轮的细槽,还装着铁钩,在需要时可以关闭或打开。其中一扇,已经被我关紧了,我正要关上另外一扇时,我被艾伦阻止住了。

"大卫,"他说,"我把你府上的姓氏忘了,对不起,我只好大胆叫你一声大卫——把门开着吧,那才是我们最好的防御手段。"

"我想,最好把它关上。"我说。

"不,大卫,"他说,"你瞧,我只能看到一面,只要这扇门开着,我面

---

① 斯图亚特为英格兰和苏格兰一个王族的姓。

向着它,我的大部分的敌人就会暴露在我的面前,因而可以随时发现他们。"

房间里除了火器以外,还有几把短剑,他在剑架子上非常仔细地选择了好久,摇了摇头,说他有生以来还是第一次看到这么差劲的兵器,他勉强找出一把,交给了我。接着,他把一个角制的火药筒、一袋子弹和所有的手枪都放在桌子上,要我坐在旁边装弹药。

"让我告诉你吧,"他说,"对于一个好出身的绅士来说,这种工作,比起替那一小撮油腻腻的水手擦碟子、倒酒,可要强多了。"

他走到房间的中央,站在那儿,面对着门,一举手,抽出他那把巨大的宝剑,在房间里挥舞了一下,看看这一点儿地方是不是顺他的手。

"真可怜,我必须坚守这一点儿地方,"他摇着头说,"这真不够味儿,我这种本领,要一马当先那才合适呢。喂,你是不是只是把弹药装进手枪,是不是注意着我啊。"

我告诉他,我会留神听着的。我的胸口发闷,嘴又干,眼睛逐渐模糊起来,想到那么多人一会儿就要向我们扑来,心不禁扑通扑通地直跳;我奇怪地想起了大海,想起了那整天在我们船只周围咆哮着的大海,也许不到天明,它将要吞掉我的尸体了。

"最重要的,我们的对手有多少人啊?"他冷不防问道。

我计算一下,可是我的头脑是那么纷乱,我必须把数目重算一遍。"15人。"我说。

艾伦吹起口哨来了。"噢,"他说,"那也有办法对付。现在,你跟着我。这扇门由我来把守,主要战斗将会在这边发生,你也不用在这儿帮我的忙。记住,除非他们把我打倒了,切勿朝这个方向开枪,我宁可有10个敌人在我的前面,也不愿有一个像你这样噼噼啪啪乱打一通的朋友在我的背后。"

我告诉他,我的确不是个高明的枪手。

"你真有勇气说出来,"他非常钦佩我的坦白,"很多很多的绅士不敢说这么一声呢。"

"可是,先生,你背后还有一扇门,他们也许会从那儿破门进来的。"我说。

"是的,"他说,"这部分是你的任务了。等你装好弹药,你赶紧爬到窗子旁边的那张床铺里面去。若是他们攻击那扇门,你就开枪。不过,还不光是这一点。你还得拿出点儿军人气概来,大卫。除了那扇门,你还得防守什么?"

"还有那扇天窗,"我说,"不过,说真的,斯图亚特先生,我还需要多生两只眼睛,才能两面都看守住啊,因为我的脸对准了一面,另一面只好用脊背来对着它了。"

"这也千真万确,"艾伦说,"不过,你头上不长耳朵吗?"

"的确不错!"我叫道,"我一定听得见打碎玻璃的声音!"

"你倒还有些基本的知觉呢。"艾伦冷冷地说。

第十章　围攻后甲板室

现在,我们备战的时间结束了。那些在甲板上等我回去的船老大们终于失去了耐心,艾伦的话刚说完,船长的面孔就出现在敞开着的门口。

"站住!"艾伦叫道,用宝剑指着他。

船长真的站住了。不过他并没有畏缩,也没有后退一步。

"一把出鞘的宝剑?"他说,"这样来报答我们的招待,真是少见。"

"你看见我吗?"艾伦说,"我出身王族,有着一个国王的姓,我的纹章是橡木,你看见我的宝剑吗?它砍掉的费格派人的头颅,比你脚上的指头还多。先生,赶快去召集你的那帮坏蛋,帮助你发动攻击吧!等到刀剑的叮当声响起,恐怕你身体上的各个要害,都得尝到这柄宝剑的滋味了。"

船长对艾伦一句话也没说,他恶狠狠地望着我,说:"大卫,我记住了。"他说话的声音使我浑身震动。

他转身就走。

"现在,要沉着、冷静,暴风雨快要袭来了。"艾伦说。

他抽出一柄匕首,拿在左手里,万一他们躲过他的宝剑,贴面冲来,也可以使用一下。我呢,我心情沉重地抱了好几支手枪,爬进了床铺,打开窗子望着。我所能看见的,只是甲板上很小一部分罢了,不过足够达到我们的目的了。海浪已平息,风缓缓地吹着,篷帆也平静地高高扬起。船上处处肃静,我肯定听得到喃喃说话的声响。半晌,传来了钢铁和甲板相碰的声音,我知道,他们准是在安排那些短剑,其中一把,不小心落在地上了。这以后,又是一片肃静。

我不知道是不是有着你们所说的害怕的感觉,不过,我的心却跳得像一只鸟儿的心,又快又微弱;我的眼睛里出现了一层模糊的影子,我不停地把它擦掉,它却不停地回来。说到希望吗,我是没有。我只有一股万分绝望和憎恨整个世界的感觉,愿意拿我的性命去换取最高的代价。我记得,当时我想祈祷,可是却像一个狂奔着的人一样,心烦意乱,无论如何想不起祷告词来,我主要的愿望,就是希望事情早一点开始,一了百了。

事情来得那么突然,起初是一阵猛烈的脚步声、一连串的呐喊声,接着,艾伦的一声大吼,我马上听到兵器相碰的声音了,似乎还有人受伤的呼痛声。我回过头去,看见夏先生在门口和艾伦恶斗着。

"杀死那个孩子的就是他!"我大叫。

"看好你的窗子!"艾伦叫道。正当我回过头来时,我看见他把宝剑刺进了大副的身体。

等我回过头来,照顾我这面时,差一点迟了,我的头刚退回窗边,五个汉子已经扛了一根帆桁,当作攻门的工具,在我的面前奔过,正在破门而入。我平生还没有打过手枪,也难得使用步枪射击,更没有拿人类当作目标。不过,这是一场你死我活的斗争,当他们正在摆动那帆桁的时候,我大喝一声:"看枪!"对准他们射去。

他们中间,一定有人被我击中了,我听见他惊叫一声,向后倒退了,其余的人似乎都有点惊慌失措,马上停止进攻。我趁他们还没清醒过来时,又开了一枪,子弹在他们的头上飞过,等我开了第三枪(那子弹跟第二枪同样地乱飞),这些家伙马上丢下帆桁,三步并作两步地跑掉了。

我又向甲板室里环顾一下。刚才开枪时,在发出那几乎震破我耳膜的声音的同时,还冒出了一股股浓烟,现在,整个房间笼罩在浓烟之中了。我对艾伦望望,他仍像刚才那样地站着,只是他的宝剑上,鲜血一直淌到了剑柄,胜利使得他洋洋自得,露出了那么一种优美的姿势,一眼看去,几乎像一个不可战胜的天神。他面前的地板上,扑倒着夏先生,鲜血从他的嘴巴里淌出来,脸色苍白可怕,气息也渐渐地微弱,他后面的几个人,死命地抓住他的脚跟,把他拖出了后甲板室。我相信,正当他们这么手忙脚乱的时候,他已经进入另一个世界了。

"这就是你们费格派的下场!"艾伦吼道,然后转过头来,问我打中了几个。

我告诉他,我打伤了一个,我猜想这家伙就是船长。

"我已经搞掉两个啦,"他说,"不,血还流得不够,他们还会回来的。大卫,多多留神。这只是大嚼之前的一杯薄酒罢了。"

我回到我原来的位置上,把发射过的三支手枪重新装上弹药,睁大眼睛,竖起耳朵,小心翼翼地守望着。

敌人们在不远的甲板上争辩什么,他们嚷得那么高,在哗啦啦的海浪的冲击声中,也有一两句话,钻进我的耳朵。

"都是夏闯的乱子。"我听到有人说。

"唏,你呀!他已经付出代价了。"

之后,声音渐渐低落下去,又像以前那样的叽叽喳喳。只是,现在大部分时间尽由一个人说话,他似乎是在布置计划。接着,一个个简单地回答了他的话,大概是接受命令。根据这些声音,我肯定他们快要卷土重来了,我告诉了艾伦。

"我们正希望这样呢,"他说,"除非我们能够叫他们尝够了滋味,狠狠地干他们几下,你和我就休想睡觉。记住,这一次他们要拼命了。"

我的几支手枪已经装上弹药,现在,除了竖起耳朵倾听,静静地等待以外,没有什么事情可以干了。当那场激烈的小战斗进行时,我根本没有时间思索,也不知道当时是不是害怕,现在,一切都恢复了平静,我的脑子里却驱走不了害怕的感觉了,那些锋利的宝剑和冷冰冰的钢刀,老是扰乱着我的心境。不一会儿,我听见有人蹑手蹑脚地走着,他们的衣服,轻轻地摩擦着后甲板室的墙壁,我知道,他们准是躲在暗处,偷偷地袭来了,我心里刚这么想,口里已失声地高叫起来。

他们的攻势集中在艾伦一边。我想,这场战斗,可没有我的份了,忽听到有人轻轻地落到我头上的房顶上。

紧接着,传进了海上的风笛声,这是一声信号。这一帮人手执短剑,一股劲向门口冲来;同时天窗上的玻璃乓乓几声,打成粉碎,有人跳进天窗,落在地上。他还没有立定脚跟,我的手枪已经触到了他的背脊,也许我早就可以把他打死了,只是,我一碰到他的身体——一个活生生的人的身体时——我浑身发软,不能动弹,没有力气扳动枪机。

他跳下来的时候,落掉了他的短剑,我的手枪碰到了他的身体,他猛地回过头来,一把抓住我,嘴里吼出一句脏话,在这紧要关头,也许已恢复了勇气,也许是害怕得过了份,反倒把勇气吓了回来,我尖叫一声,对准他的身体扳动了枪机,他发出最可怕、最难听的呻吟,扑倒在地上了。正在这一刹那,第二个家伙的两条腿在阳光里晃来晃去,突然在我的头上碰了一下,我赶紧又抓起一支手枪,也给这家伙吃了一枪,子弹穿过他的大腿,他掉下来,翻倒在他的伙伴的身上。这时候,既谈不到有没有击中,更没有时间瞄准,我只是把枪口向下一挥,朝那堆身体射击。

要不是听到艾伦的大叫声,我可能长时间地站在那儿,对着那堆肉体发愣了,艾伦的那种仿佛是求救的声音使我恢复了意识。

他一直守住那个门口,正跟几个水手对敌,不料有一个水手乘隙而入,迫近了他的身体,艾伦举起他左手的匕首,连连地对准他猛戳,可是,那个家伙像一条水蛭似的缠住他不放。这当儿,另外一个水手已经冲进门口,举起了短剑。那帮家伙的脸也是一窝蜂地挤在门口。我想,这一下我们完蛋了,我抓起短剑,不管三七二十一地从侧面向他们扑去。

其实我用不着去帮助艾伦。那个纠缠住他不放的家伙终于倒下来了；艾伦先后跳一步，获得了可以施展的余地，然后，像一头牡牛似的向其他人冲去，一路上吼声不绝。他们在他的猛冲下像水一样地分开了，转过身体，拼命逃跑，匆忙中你推倒了我，我挤倒了你，乱成一团，而艾伦手中的宝剑却像水银似的一闪一闪地砍向逃跑的敌人，每一下闪光，都传来有人受伤的尖叫声。我仍在想，我们准是完蛋了，然而，你瞧啊！他们全都逃掉啦！艾伦正沿着甲板追逐他们，像牧羊狗追逐着羊群一样。

他并没冲出多久，又退了回来，他的小心可以和他的勇敢媲美，这时候，那些水手继续嚷啊叫的死命地狂奔，仿佛他仍旧追在他们背后似的；我们听到他们一个个滚进了前甲板下面的水手舱，砰的一声，关上了舱口的木板。

后甲板室好像一个屠宰场了，里面躺着三具死尸，还有一个家伙忍受临死前的苦痛，横躺在门槛上，而艾伦和我，一点也没有受伤。我们胜利了。

他张开两臂，跑到我的面前。"来，让我拥抱你吧！"他叫嚷着，两臂围住了我，雨点般的吻落在我的两颊上。"大卫，我爱你，像爱我的弟弟一样地爱着你啊。啊，老天老天，我不是一个出色的战士吗？"他得意忘形地高喊着。

他转身走到四个敌人的跟前，用他的剑穿透了每个人的身体，然后一个接一个地把他们踢出门外。他干完这些事后，自个儿哼啊唱的闹个不停，嘴里还不时地吹着口哨，那副模样，跟一个试图回忆一支乐曲的人相似；只是，他试图做的，是要创造一支新的歌曲。突然间，他的脸上泛起了红潮,眼睛明亮得好像一个得到新玩具的五岁小孩儿。马上,他往桌子上一坐,宝剑在手。这半晌中他一直创造着的曲子开始有点听得清了,接着更清楚了,蓦地,他用一个洪亮的声音,唱出一首盖尔①土话的歌曲。

这支歌曲,我把它翻译在下面。我没有能力把它译成诗句,不过至少用的是纯正的英语。以后他时常唱着这支歌,我听得要烂熟了;所以我也听懂了,何况不知有多少次他还替我讲解过。

> 这是艾伦的宝剑之歌:
> 铁匠制造了它,
> 炉火熔炼了它;
> 现在,它在艾伦·布雷克的手里闪光。
>
> 他们的眼睛又多又亮,
> 他们的目光又很敏捷;
> 很多双手在他们的指挥下啊,
> 独独这把宝剑是例外。
>
> 褐色的鹿奔过了山冈,
> 它们成群,山冈只有一座;

---

① 盖尔:居住在苏格兰北部和西部的山地民族。

> 褐鹿消失了,
> 山冈照旧长在。
> 座座山来到我这儿,
> 从海岛那儿过来,
> 噢,高瞻远瞩的苍鹰呵!
> 这才是你的猎物。

他这支在我们胜利的时刻作成的歌曲(包括歌词和乐谱),对我这个和他并肩作战的人,未免有点不太公平,当场被杀的和受重伤的有夏先生和另外五人,其中,从天窗中进来的两个,是消灭在我的手里的,此外四名受伤的敌人,其中一名(而且不是最不重要的一名)也是在我的手里负伤的。所以,总的说来,我在杀死和杀伤敌人这两方面也干得不坏啊,按理应该在艾伦的诗歌中占到一个位置。话是这么说,但诗人们须得考虑到诗歌的韵脚的啊。何况艾伦在通常的谈话中对我总是非常公道。

在那个时候,我一点也不知道他干了什么对不起我的事情。因为我不但听不懂一句盖尔话,而且经历了那种长时间的提心吊胆的等待,和我们两场激战中的剧烈紧张的动作,还有比这一切更厉害的。在这次战斗中有我自己一份的这个事实所产生的恐怖,使得事儿一过,我就立刻高高兴兴、摇摇晃晃地走到一个座位上去。我的胸口紧迫得简直没法呼吸,想到那两个被我开枪打死的水手,就像做着噩梦似的使我不安;突然间,当我还猜不出会发生什么的时候,就像任何一个孩子似的哭起来了。

艾伦拍拍我的肩头,说我是一个勇敢的孩子,只是需要睡眠罢了。

"由我来守第一班吧,"他说,"大卫,你为了我,始终干得那么精彩;就是为了整个亚品——不,就是为了勃兰达尔巴,我也不愿意失去你的。"

我铺好地铺,由他首先轮班警戒,他手里拿着手枪,膝盖上搁着宝剑,根据墙上船长的挂钟,先警戒三小时。然后他唤醒我,再由我防守三小时。我的轮班还没有结束,天已经大亮了,早晨非常安静,船只在溜滑翻滚的海面上颠簸着,后甲板室地板上的鲜血也一会儿向前淌去,一会儿又淌了回来,一阵大雨嘭嘭地敲击着房顶,在我警戒的时期,船上静悄悄地没有一点动静,只有那船舵砰——砰——砰地响着,于是我知道,甚至连舵柄那儿也没人照顾了。的确(像我后来听说的),他们的死伤是那么多,剩下的人动不动就发脾气,雷契先生和船长只得像我和艾伦一样轮流守望,要不,这条二桅船可能冲上了岸,大家都休想活命了。真幸运,夜晚变得这么宁静,下雨后,风势马上减弱。我根据一大群在船只周围追捕着鱼儿的海鸥的叫啸声,断定船只已飘近海岸了,或是临近赫布里底群岛中的一个岛屿了,末了,我从后甲板室的门口望出去,看见右边是斯查岛的巨大的岩石,再后面一点,是那奇怪的罗姆岛。

第十一章　船长屈服

6点钟光景,艾伦和我坐下来吃早点。地板上布满碎玻璃和一摊摊可怕的血迹,使我没有胃口。要不,我们倒是处在一个惬意而愉快的境地里;把船老大们从他们的住所驱逐出去,控制了船上所有的酒——和润的和烈性的——还有像泡菜和美味饼干等所有精美的食品。这一切足够使我兴致勃勃了,最令人高兴的,苏格兰自古以来的两个最最嗜酒若命的酒鬼(夏先生已经死掉)现在只好躲在前舱,硬着头皮,拿他们最痛恨的东西——冷水,往肚子里灌了。

"靠了这玩意儿,我们不一会儿又可以听到他们了,"艾伦说,"你可以叫一个酒鬼脱离战斗闭门不出,却永远没法叫他离开他的酒瓶。"

我们成了很好的同伴。真的,艾伦表现得非常可爱,他从桌子里拿出一把小刀,把他外衣上的一颗银扣割下,送给我。

"这是我的父亲邓肯·斯图亚特给我的。"他说,"现在,我送给你一颗,作为昨晚上战斗的纪念品,以后,不论你到哪里,你只要拿出这颗扣子,艾伦·布雷克的朋友就会来替你效劳的。"

他这么说，仿佛他是指挥着百万大军的查理大帝。的确，我非常敬慕他的勇敢，可是也经常处于因嘲笑他的虚荣心而可能引起的危险中：我说危险，是因为若不是我面不改色，我简直不敢想象，紧接着会发生怎样的一种争吵。

我们才吃完早饭，他马上搜查起船长的橱柜来了，他找到一只刷衣服的刷子，脱掉外衣，细心地查看自己的衣服，刷掉上面的血迹。他那种细心精致的动作，我还以为通常只有娘儿们才干得了呢。说实话，除了这件外套外，他的确没有别的外衣，何况像他自己所说的，这件衣服原是一位国王的东西，所以，应该庄严郑重地珍惜它才行。

看到他这样，再看到他在割掉扣子的地方拔掉线脚时的那副细心劲儿，我对他的才能更加佩服得五体投地了。

他还在埋头干这类活的时候，甲板上突然传来了雷契先生的声音，他高声叫喊，说是要求谈判，我从天窗爬出去，坐在它的边上，握住手枪，装出一副英勇姿势，其实呢，我心里正害怕玻璃碎片呢，我叫喊一声，把他招呼回来，要他说明来干什么。他来到后甲板室的旁边，站在一圈绳索上，这样，他的下巴才够得到房顶；我们相对望了半晌，谁也不说话。我想，雷契先生在那场战斗中一定不十分积极，所以，除了面颊上挨了一下外，毫毛也没伤一根地逃脱了；不过他外表上没精打采，一脸的倦容，足见他一夜没睡，不是担任守望，便是替那些受伤的水手包扎治疗。

"这真是一件糟糕的事。"他摇了摇头，最后才说。

"这又不是我们惹出来的。"我回答。

"船长想和你的朋友谈一下。他们可以在窗口上面交谈。"他说。

"我们怎么知道他搞的是什么鬼把戏?"我叫道。

"他没有搞什么鬼,大卫,"雷契先生回答,"我老老实实告诉你,若是他再耍什么花招,那些水手不肯再跟随我们了。"

"是这样吗?"我说。

"我还要告诉你一件事,"他说,"不光是那些水手,还有我呢。我害怕了,大卫。"于是他堆起笑容,向我扫了一眼,继续说,"不,我们只是想摆脱他罢了。"

我和艾伦商量了一下,同意谈判,双方还立下誓约;不过这还不是雷契先生的全部任务,他开口向我讨起酒来了,他的口气是那么恳切,并且提起他过去的种种好处,我终于把约莫四分之一品脱的白兰地装在一个小杯子里给他。他先喝了几口,然后拿着剩下的酒向甲板上走去,我猜想他是拿去跟他的上司一块儿喝的。

没多久,船长按照协议,来到了一扇窗子前面,他冒雨站在那儿,一条臂膊吊在绷带上,脸色又严肃,又惨白,仿佛是那么苍老,想到我竟向他开枪射击心里便稍稍感到不安。

艾伦马上拿起手枪指着他的脸。

"把这玩意儿拿开!"船长叫道,"先生,难道我没有保证过吗?还是你要想冒犯我?"

"船长,"艾伦说,"我怎么知道你说了话是不是算数。昨儿晚上,你还像卖苹果女人那样讨价还价,斤斤计较,然后赌神罚咒地向我担保,还跟我拍过手掌,结果呢,你自己心里明白。你的话只算是放屁!"

他说。

"喂,喂,先生,"船长说,"你破口大骂可没有什么好处。"(船长骂起人来的确也是不留情面的)"不过我们还有别的事情需要谈谈,"他继续痛心地说,"你把我的船搞得乱七八糟,我已经没有足够的人手来驾驶它了;而我的大副(我是一刻没法离开他的),被你的宝剑刺中要害,没说一句话就死了。先生,我没有办法,只好开进格拉斯哥港口去;对不起,你在那儿会发现一些可以跟你谈谈的人物的。"

"是吗?"艾伦说,"老实说,我自己正想跟他们谈一谈呢!除非那个城镇没有人懂得英语。我倒有一个美丽的故事要告诉他们。一方面是15名杀气腾腾的水手,另一方面呢,只是一个成人和一个还没有长成的小子!哎,老天,老天,这真是又可怜,又可笑!"

霍西森的脸顿时成了酱紫色。

"不,"艾伦继续说,"那不行。你得根据约定,在我们原先同意的地方送我上岸。"

"哎,"霍西森说,"可是我的大副已经死了——你自己知道得很清楚,他是怎么死的。除了他,我们又没有人熟悉这条海岸,而这是一条对船只非常危险的航线啊,先生。"

"我让你自己来选择,"艾伦说,"你把我送到亚品登陆,或是阿高尔,或是玛温,或是阿列赛格,或是玛拉,一句话,只要在我故乡300里之内,除了坎贝尔族的那一地区以外,随你高兴在什么地方登陆都可以。这么一个目标,总不算小吧。要是你连这样的目标也达不到,那你在航海方面准是个脓包,跟我在战斗中看到你的那副脓包相一个样儿。拿我的穷乡亲们来说,他们乘了那小小的'考班'船①,在一个个岛屿之间来来去去,不管是什么气候——是的,还有夜里航行呢。"

"一只'考班'船不能算是船,"船长说,"它是不吃水的。"

"得啦,若是你想去格拉斯哥,那就去吧!"艾伦说,"只要你不怕被我们嘲笑就行了。"

"我倒很少想到什么嘲笑不嘲笑,"船长说,"不过这一切得花很多的钱呢,先生。"

"好吧,先生,"艾伦说,"我不是个三心二意的人。30块金几尼,若是你送我到海岸;60块金几尼,若是送我到林尼湾。"

"先生,你也看得出我们是在什么地方,我们离开阿特纳玛强只有几个小时的航程,"霍西森说,"给我60块,我把你送到那儿。"

"你要我穿着这双结实的鞋子,奔进'红外套'的陷阱里,好使你开开心吗?"艾伦大叫,"不,先生,你如果要想得到那60块钱,就得费点气力来挣它,就得把我送回到我的家乡。"

"先生,这样,我的船会遭到危险的,还要连累了你自己的生命。"船长说。

"行就行,不行算了。"艾伦说。

"由你来领航,能行吗?"船长皱紧眉头问。

"噢,那很难说,"艾伦说,"我对于航海一道,可比不上击剑(这一层你自己也领教过了)。不过我在这一带的海岸上搭船上下,也不知

---

① 考班船:是一种捕鱼用的小船。——原注

多少次了,总该知道一点这条海岸线的情形的。"

船长摇摇头,照旧眉头紧锁,说:

"若是我在这次背时的航行上少损失一点钱,那么,先生,我宁愿先看见你的脖子套在绞索上,不愿意使我的船遭到危险。不过,若是先生愿意冒险的话,那就请便吧。一等到吹来一股顺风(如果我没有看错的话,那股顺风一定快来了),我就扬帆上路。还有一件事:我们可能碰上一条官家的船,假使给它拦路搜查,先生,那可不能怪我了。这一带,他们的巡逻船很多,你也知道为的是谁。所以啰,先生,为了预防会遭到这一种灾祸,希望你先把钱留下。"

"船长,我恐怕你见到一面军舰上的旒旗,自己也巴不得急忙忙溜掉呢,"艾伦说,"闲话少说,我听说前面的舱里缺少一点白兰地,我向你提出这样的交换条件:两桶清水,换一瓶白兰地。"

这是协议中的最后一条,两方面都认真执行。这样,艾伦和我至少可以把后甲板室冲洗一下,消除被我们杀死的那些人的遗迹,而船长和雷契先生呢,也可以重温过去的快乐,那就是:一杯在手万事休。

第十二章　我听到红狐狸的故事

我们还没有把后甲板室洗刷干净,从偏近东北方吹来了一阵和风。它吹跑了雨点,带来了太阳。

说到这儿,我必须说明一下,而且,请读者最好看一下地图。大雾密布而使我们撞翻艾伦的小船的那天,我们已经驶进了小明奇海峡。战斗发生后的第二天清晨,没一点风,我们只好停留在堪那岛以东,或是在这岛屿和长岛群岛的埃律斯卡岛之间。现在,从那儿驶往林尼湾,最直的航线是通过姆尔海峡的狭狭的峡口。可是,船长没有航线图,他是不敢让他的船驶入这些岛屿之间的;若是风平浪静,他宁可绕道到泰利岛的西首,经过姆尔岛的南边海岸航行。

和风整天在同一个地点吹着,它没有变弱,反倒加强起来了。到了下午,从外赫布里底群岛的周围涨起了潮浪。当然,要绕道内赫布里底群岛,就得向西南航行,于是,这股浪潮垂直地向我们冲来,浪涛滚滚,等到夜幕降临,船只绕过泰利岛的末端,开始折向东行,大海给抛在船的后面了。

那天,还没有涨潮时,早晨的景色是那样的赏心悦目;我们在明亮的阳光下航行,四面八方耸立着很多山岳似的岛屿。艾伦和我打开了后甲板室的前后两扇门(风笔直地自船尾吹来),我们坐在那儿,享受一下船长最好的烟叶。我们两人就在这段抽着烟斗和欣赏周围景色的时间里,知道了彼此的遭遇,这一场谈话,对我是格外的重要,因为它使我懂得,到了莽原时该怎么办,那是很有用处的。

这是由我先做了榜样,才谈起来的。我把我的一切不幸的遭遇都告诉了他,他始终非常耐心地听着。只是,当我提起我的好朋友坎贝尔牧师时,他突然发作起来,高声大喊,说他痛恨这一姓所有的人。

"为什么呢,"我说,"他是这样一个人,你就是和他握握手也应该觉得骄傲呢。"

"我压根儿不会帮助一个姓坎贝尔的,"他说,"除非送给他一粒铅弹,我要像打猎时搜捕黑松鸡似的搜寻这一姓的人。就是临死之前,也要用两个膝头爬到房间的窗子口,叫一个姓坎贝尔的尝尝我的弹丸的滋味。"

"为什么?艾伦,"我叫起来了,"你干吗恨这些姓坎贝尔的呢?"

"好吧,我告诉你吧,"他说,"你很清楚我是一个亚品的斯图亚特,那批姓坎贝尔的混蛋很久以来就踩蹒我的家乡,掠夺我的族人,他们用阴谋诡计夺去了我们的土地,却从来不敢光明正大地使用宝剑。"他高声地叫啊嚷的,同时,他举起拳头,在桌子上狠狠地擂了一下。不过,这一下却没有引起我多大的注意,因为我知道,那些吃了败仗的人,通常总是这么说的。"还不止这一点呢,"他继续说,"老是那一套:说谎,伪造文件,只有小贩才干得出这类诡计,那种压在众人头上的所谓合法的把戏,更加叫人愤怒。"

"那你太浪费你的扣子了,"我说,"我简直没法相信你对事情能够好好地判断。"

"是啊!"他说,脸上堆上了笑容。"他是从那位给我这些扣子的人那儿学到浪费的;他就是我那可怜的爸爸邓肯·斯图亚特,愿他老人家安息吧!他是我们一族中最出色的人。大卫,他还是全高地——也可以说,是全世界最好的击剑手呢。我该记得,是他教了我这套本领。第一次大检阅的时候,他正在黑色警卫队①里,他像其他有身份的战士们一样,带了一名侍从,一路上替他背武器。原来国王想见识一下高地的剑术;于是,挑选了我的父亲和另外三位,派他们到伦敦去,让他饱饱眼福。他们进了皇宫以后,在乔治国王、卡琳皇后、'屠夫'坎伯兰②和很多我记不清姓名的贵人面前,使出了击剑的全部本领,足足表演了两小时。国王——这个十足卑鄙的篡夺王位的家伙,把他们称赞了一番,还亲手给他们每人三枚金几尼。他们从皇宫出去,必须经过一个看门人的房间,而我的爸爸,他也许是经过那扇门的第一个普通高地绅士吧,他认为应该赏赐给这个可怜的看门人一点东西,才合乎他们的身份。于是,他像做惯了似的把国王的三枚金几尼放在这看

---

① 黑色警卫队,英国政府在1725年成立的高地人部队,后来编入英国正规军。
② 坎伯兰公爵,名威廉·奥古斯塔斯(1721-1765),英王乔治二世之子,英国将领。1746年率领英军在卡洛顿击败了查利王子的军队,粉碎了约各党人的反抗,他在苏格兰高地进行残酷镇压,因此获得"屠夫"这个绰号。

门人的手中时,跟在他后面的三个人,也照他的样给了钱,然后,走到街上;他们费了那么大劲,却没有多添一个子儿。有人说,给国王的看门人赏钱,这还是有史以来第一次,也有人说,早已有人干过了;老实说,那是邓肯·斯图亚特干出来的,我不惜拿宝剑或手枪来决斗,为这件事做证。我的爸爸就是这样的人物,愿上帝让他安息吧!"

"我想,像他这种人物,不见得会给你留下一大笔遗产吧。"我说。

"那倒也是事实,"艾伦说,"他给我留下的只是几条骑马裤,好让我不至于赤身裸体,别的简直没有什么了。所以,我只好去投军,这就是我一生中品行上的一点污点,而且,若是我落到'红外套'们的手里,这仍旧是一件叫我头痛的事。"

"什么,你参加过英国军队?"我失声叫道。

"那是过去的我,"艾伦说,"不过,我在普兰斯顿潘司①开了小差,跑到正确的那方面去了——这才使我有点安慰。"

他这种看法,我实在不敢赞同:把作战时开小差这种不可原谅的过失看作是光荣。不过,我虽然很年轻,还没有傻到把我的想法说出来。我只是说:"哎呀,天哪,那是要处死刑的啊。"

"不错,"他说,"若是他们抓住我,那么,我艾伦只好穿着一件短上衣,吊在一根长长的绳子上啦!不过,我口袋里有着法国国王的委任状,也许这对我还起一点保护作用吧。"

---

① 1745年,查利王子率领苏格兰高地人和英国国王乔治的军队在这地方作战,曾击败英国军队。

"这我非常怀疑。"我说。

"我自己也怀疑。"艾伦冷淡地说。

"哎,老天爷,"我叫道,"你是一个被宣判死刑的叛党,一个逃兵,一个法兰西国王的人——你怎么敢回到这个国度里来呢?这不是跟生命开玩笑吗?"

"啧!打四六年起,我每年都回来。"艾伦说。

"那你干什么要回来,请问?"我叫道。

"噢,你瞧,我是多么想见见我的朋友们和故乡啊,"他说,"不用说,法兰西是个美丽的地方,可是我是太怀念那莽原和麋鹿了。另外我还有一点儿小事要干,我不时物色一些年轻的小伙子,带他们到法国国王的军队里去服务:你知道,这是招募新兵,那总是可以得到一点儿钱的。不过,最主要的,是替我的首领阿希尔办事。"

"我还以为你们的首领是叫亚品。"我说。

"哦,阿希尔是这一族的领袖,"他说,他这句话还没有使我明白。"大卫,你瞧,他的一生是多么伟大呀!出身高贵,带着国王们的姓氏,现在却被迫像一个穷苦老百姓住在法兰西的一个小镇上。过去,他只消吹一声口哨,就有400名雄赳赳的剑客听从他的派遣,现在呢,他却亲自上市场去购买黄油,包在一张菜叶子里带回家,这是我亲眼看见的。他的家人和族人,见到这情况,怎能不痛苦,怎能不感到耻辱啊!此外,还有一些孩子——亚品的希望,他们也住在那个遥远的国度里,须得教他们读书、识字、懂得击剑。现在,亚品的佃户们不得不把钱提缴给国王乔治;但是他们的心是坚贞的,他们对自己的领袖是忠实的。

这些穷苦的老百姓,他们怀着热爱,忍受着压力或恐吓,替阿希尔一个子儿一个子儿地凑集第二笔钱粮。是的,大卫,我就是替他拿这笔钱粮的人。"他拍拍他身上的束腰带,于是那些金币叮叮当当地响了一阵。

"他们对两方面都付吗?"我叫道。

"是的,大卫,两方面。"他说。

"什么?两笔钱粮?"我重复地问。

"是的,大卫,"他说,"我跟那个船长说的是另一套话,刚才说的才是事实。使我感到惊奇的是,那简直不需要用什么大的压力。那全亏得我的好亲族和我爸爸的朋友格利的詹姆斯的努力,他就是詹姆斯·斯图亚特,阿希尔的异母弟。是他安排一切,收集金钱的。"

这是我第一次听到詹姆斯·斯图亚特这个名字,后来,他被送上绞刑架的时候,成了个家喻户晓的人物。不过,在这一刻,我对于他一点也不加注意,我整个的心,只想到这些穷苦的高地人的慷慨。

"这才称得上是高贵,"我叫道,"我是一个费格派,或许比费格派稍微好一些;可是,我敢说,这才是高贵的事。"

"是啊,"他说,"你是一个费格派,不过你是一个正派人;事实是这样的。啊,若是你是那该死的坎贝尔一族的人,你听到这么说,一定会把牙齿咬碎的。如果你是那红狐狸……"说到这个名字,他咬紧牙关,说话也停止了。我曾经看见过很多张严酷的脸,但是从来没有见到过像艾伦谈起红狐狸这名字时的那张凶脸。

"谁是红狐狸?"我战战兢兢地问,但仍充满了好奇心。

"你问他是谁？"艾伦叫道，"好吧，我告诉你吧。当我们的族人在卡洛顿被击溃，我们的运动失败，而马蹄踏着北方最优秀的人的血迹狂奔时，阿希尔迫得像一头可怜的鹿，逃上了山岭——还带着他的夫人和孩子们。我们费了很大的劲，才把他送上船；当他躲藏在灌木丛中的时候，那些英吉利恶棍没法伤害他的性命，却打击他的权利。他们剥夺了他的权利，剥夺了他的土地，他们从他的族人手里夺去了武器，那是3000年来他们从来没有放弃过的自卫的武器啊！是的，还扒了他们身上的衣服——现在，谁若是穿一件格子花呢的服装①，谁就犯了罪，谁若是在腰间束一条短裙②，谁就会被关进监牢里去。不过，有一件事他们是没法消灭的，那就是这些族人对他们首领的热爱。这些金币就是证据。想不到这时候，来了一个姓坎贝尔的家伙，那个红头发的格伦努亚的珂林……"

"你所说的红狐狸就是他吗？"我问道。

"你会把它的尾巴割下来给我吗？"艾伦凶猛地大声说。"是的，就是这个家伙。他拿了国王乔治的任命，当一个所谓国王的土地经管人，来经管我们亚品的土地。开头的时候，他装得低声下气，跟许莫司——就是格利的詹姆斯，我们首领的代理人——很亲热。渐渐地，我刚才跟你所说的那些事情传进了他的耳朵：关于亚品的那些穷苦的老百姓，如贫农啊，佃农啊，'包门'③啊，他们是怎样节衣缩食，凑合第

---

① 都是苏格兰高地人的民族服式。
② 同上。
③ 包门：苏格兰的一种租户，他们向地主租养牲畜，以后牲畜繁殖的部分和地主均分。

二笔钱粮,给流亡在海外的阿希尔和他的可怜的孩子们使用。刚才我告诉你这事儿时,你怎么说的?"

"我说它很高贵,艾伦。"我说。

"你真比一个普通的费格派要高明!"艾伦叫道,"可是,这消息传到珂林·罗伊的耳朵里,这个黑心肠的坎贝尔勃然大怒,他坐在酒桌旁边咬牙切齿。什么,让一个斯图亚特咬到一口面包,而他竟没有办法防止它?他妈的,这头红狐狸,若是你落到我的枪口下,那只好让上帝来怜悯你了!"(艾伦顿了一下,咽下他的愤恨。)"大卫,你猜他怎么干的,他宣布所有的田地都重新出租。他那漆黑一片的心中想:'我会很快就找到另外一些肯多出一点租金的佃户来代替斯图亚特、麦考尔和麦克罗勃们了。'(这些都是我们一族里的姓氏,大卫)他认为:'这样一来,阿希尔只好捧着帽子,站在法国的一条街旁做伸手大将军了。'"

"是吗?以后怎样?"我问。

艾伦放下那只熄了已久的烟斗,两手捧住膝盖,说:

"噢,这你万万猜不到的!他派人到处去找寻他坎贝尔一姓的族人——一直找到遥远的克莱德河两岸和爱丁堡以南的地方——他找寻着,甜言蜜语地奉承着,恳求他们来租佃,好让一个姓斯图亚特的人挨饿受冻,而叫那只坎贝尔红毛狗开开心,他没料到,有人向他提出的一笔租价,比整个辽阔的苏格兰境内任何姓坎贝尔的肯出的还高,那些出高租价的仍旧是这些斯图亚特、麦考尔和麦克罗勃。他们付了两笔钱粮,一笔受暴力的压迫而交给国王乔治,一笔出自内心的爱而交给阿希尔！"

"喂,艾伦,这真是一个难得听到的稀奇故事,而又多么的美妙,"我说,"我也许是个费格派,但我很高兴,这个家伙被打倒了。"

"把他打倒?"艾伦接嘴说,"那你太不懂姓坎贝尔的了,更不懂这头红狐狸了。把他打倒了吗? 不,还没有哩,除非等他血洒山边! 若是到了这样的日子,大卫,我要找出时间来享受一下围猎的乐趣,那时候,就是全苏格兰的丛林,也叫他藏身不了,我要猎捕这头狐狸,报报我的血海深仇!"

"喂,艾伦,"我说,"你连珠炮似的发泄了这么多气,未免太不聪明了,也太不像基督徒了。它们既伤害不了那个你称为狐狸的人物,对你自己也不好。直截了当地把你的事情告诉我吧,他以后怎么样了。"

"你说得好,大卫,"艾伦说,"的确这样,我就是有冲天的怒火,也动不了他一根汗毛的;这真是一件遗憾的事。我同意你的一切意见,只是除了那句关于基督徒的话(关于这一点,我的见解可完全不一样,要不然,我宁可不是个基督徒)。"

"不管见解有什么不同,基督的教义禁止复仇,这可是谁都知道的事。"

"喂,看上去是一个姓坎贝尔的人教你的呢!"他说,"若是这世界上没有一个小伙子拿着枪,躲在灌木丛后面,若是没有这一类的事,那对于他们和他们那一群的混蛋,才叫做方便呢! 好吧,暂且不谈这一层,且谈谈他干出了些什么。"

"是的,谈谈这件事吧。"我说。

"哦,大卫,"他说,"自从他没法用正常办法把他们撵走以后,他就发誓用肮脏手段赶走他们。他的目标是:一定要让阿希尔挨饿。他既然没法收买他们,使他们不再帮助他们的流亡在外的首领——那他就不管三七二十一,一定要强迫他们离开家乡。于是,他弄来了一批律师、文件和'红外套'们给他撑腰。这样,我的那些好心肠的老乡们只好收拾行囊,到处流浪了,他们放弃了祖上传下来的家业,离开了自小游戏、教养和生长的地方。而来继承他们的是些什么样人物呢?光脚板的花子们!国王乔治休想收到多少钱粮了;他只好少收入一些,只好少在面包上涂一些黄油的;红珂林还管得了这些?只要能够叫阿希尔倒霉,他就心满意足,若是他能够从我首领的桌子上抢走肉食,从我首领的孩子们的手里夺走小小的玩具,那他就会唱啊闹的回到他格伦努亚的老家去了!"

"允许我插一下嘴,"我说,"说真的,若是他们肯少收钱粮,那一定是政府在伸手干预。所以不是这个姓坎贝尔的过失——他是奉命干的啊。即使你明天把这个珂林杀死,对你又有什么好处?马上又有一个土地经管人走马加鞭,跑来接替他的位子。"

"你在战斗中倒是个好孩子,"艾伦说,"可是天哪!你的身体里流着费格派的血液!"

他说得够温和的了,可是这种轻蔑的话里包藏着多大的愤怒,我想还是聪明一些,换一下话题的好。于是我说起,目前,高地到处都是军队,仿佛一个被包围的城市似的防卫着,那么像他这样处境的人,怎么能够随便地进出而不遭到逮捕呢,我对于这一层表示了惊奇。

"这比你所想象的要容易得多了,"艾伦回答,"在你看来,一个光秃秃的山腹似乎只有一条路可通,其实呢,若是这儿有哨兵看守,你可以走另外一条路的。那些灌木丛又是一个很大的帮助,而且到处是朋友们的屋子,到处有朋友们的牛棚和干草堆。何况,当人们谈到一个国家布满了军队的时候,充其量也不过是说说罢了。一个兵士的力量,出不了他的脚跟所占据的地方。我曾经在一条河里钓鱼,隔开一条斜堤,就有一个哨兵,我照旧钓到了一条肥大的鳟鱼;有一次,我在一座矮树林里歇脚,离开不到六尺的地方,又有一个哨兵,我倒从他吹的口哨中学到了一支真正美丽的曲子呢。说穿了就是这么一回事。"他说,一面扬扬自得地对着我吹起曲子来了。

"还有,"他继续说,"现在不像四六年那样糟了。他们认为高地已经太平无事了。他们把堪泰里直到愤怒角的每一支枪和每一柄剑都搜刮了去,可是,谁知道那些小心谨慎的老乡们在他们的茅屋顶上藏的是什么!这没什么可惊奇的。大卫,我想要知道,这情况还得忍受多久呢?也许你会说,有了阿希尔这样一类的人物流亡在外,而红狐狸这样的人物又在家乡作威作福,欺压穷人,那是不会太久的。不过,老乡们到底对什么事能够忍受,对什么事不能忍受,这是很不容易断定的。若不,为什么红珂林骑着马,在我可怜的亚品故乡到处耀武扬威,却从来没有一个出色的小伙子给他一粒子弹尝尝呢?"

说到这儿,艾伦陷入了沉思,他默默地坐了很久,非常的悲伤。

关于我的朋友的轶事,除了已说过的以外,我还想补充一点:他精通各种乐器,特别是风笛;他是一个令人赞赏的民族诗人,他读过很多法文和英文书籍；他是一个神枪手,一个钓鱼能手,一个出色的剑客,他舞弄起短剑来,跟挥舞他自己那独特的武器同样的奇妙。至于他的短处,那是直率地流露在脸上的,我现在已看得完全明白。最大的缺点是他那容易生气、喜欢争吵的孩子般的脾气,他对于我,因为后甲板室中的那场战斗,倒是十分让步。至于是不是因为我自己干得不坏,还是因为我亲眼看见他那超凡出众的本领,所以才这样,那我可说不清了。他非常赞赏别人的勇敢,然而,他最钦佩的,还是他艾伦·布雷克本人的勇敢。

第十三章 二桅船遭难

夜深了,还是这季节中的午夜出的天色(就是说,还相当的明亮),霍西森的脑袋伸进了后甲板室的门口。

"喂,请出来一下,"他说,"你是不是能够领航。"

"这又是你的一种阴谋吗?"艾伦问他。

"看我哪一点像在搞阴谋?"船长叫道,"我还得想想别的事呢,我的船遇到危险了!"

根据他脸上的那副担心的神气,最主要的,根据他谈到他船只时的那种焦急的声调,我们都明显地看出,他是十分诚恳的,于是,我和艾伦踏上甲板,心中并不太怕他的诡计。

天空很晴朗,但风猛烈地吹着,阴寒刺骨。白昼的余光大部分还在天际徘徊,将圆未圆的月亮灿烂地向四方照耀。船只改变了航线,绕着姆尔岛的西南角航行,岛上的群山赫然呈现在左舷的船首(而本玛亚峰巍然地高耸在众峰之上,峰巅浮现着浓厚的迷雾)。这不是适宜于航行的时刻,可是契约号却以很快的速度冲破海浪前进,它前后颠簸,拼命地挣扎着,从西面来的浪潮一刻不停地向它涌来。

这样的夜色,是不难控制海上的情况的,我不懂船长的心境为什么那样沉重,这使我不禁暗自惊奇。骤然,一个大浪把船推到了浪头的峰顶,他用手指指点着,大声地呼唤我们去观看。在背风的船头那一面,月光照映下的大海上冲起了一股喷泉似的东西,接踵而来听到一种低沉的咆哮声。

"你说这是什么?"船长忧郁地问。

"暗礁,海浪冲击一个暗礁呢,"艾伦说,"现在你已知道它的位置了,这对你不是挺好吗?"

"是啊,若是总共只有这一个暗礁才好。"霍西森说。

真凑巧,他话还没有说完,稍微南面一点,又出现了一股喷泉。

"哎哟!"霍西森失声大叫,"你们自己也见到了。若是我早知道这些暗礁,若是我有一张航海图,或者夏没有丢掉性命,那我绝不为了这60块金几尼,不,即使给我600块,我也绝不会让我的船在这一种石板地上冒险的!先生,是你引我们上这儿来的,你怎么不说一句话啊!"

"我在想,"艾伦说,"这些大概是所谓吐仑岩吧。"

"这样的岩石,总共有多少?"船长说。

"先生,老实说,我不是个领航员,"艾伦说,"不过,我脑子里有这么一个印象,它们一共有10里长。"

雷契先生和船长互相望了一眼。

"我想总有一条路可以通过吧?"船长说。

"那当然,"艾伦说,"不过在哪儿呢?我倒想起来啦,靠近陆地比较没有阻碍。"

"真的?"霍西森说,"雷契,赶快逆风开行,尽量靠近姆尔岛的南端,还得靠近陆地避避风势,让那石板尽可能地躲在我们的背风处。是的,我们现在给它缠上了,只好扯满了篷,赶快前进。"

于是,他向舵手们下了一道命令,把雷契派到前桅的顶台上去。当时,甲板上适宜于工作的(或至少是愿意工作,而且适宜于工作的),连船老大在内,总共只剩了五人,其中还有两个是受了伤的。所以只好让雷契先生爬到桅杆顶上,坐在那儿瞭望,随时把他所见到的情况向甲板上高声报告。

"靠南面海浪凶猛,"他放开喉咙喊道,停了一会儿,又叫道,"近陆地的地方似乎比较没有阻碍。"

"好吧,先生,"霍西森对艾伦说,"我们得按照你的航线尝试一下了。不过,我想也可以说是信任一个瞎指挥的人。让我祈求上帝,但愿你所指出的是一个正确的方向。"

"我也祈求上帝!"艾伦转身对我说,"不过我在哪儿听到过上帝的回音?好吧,要怎样一定就会怎样。"

我们快要驶近陆地的转角处,我们的航线上东一个、西一个地散布着暗礁;雷契先生一会儿朝下面大喊,要我们改变航线,有时候,他的确喊得太不及时了。有一次,一个暗礁出现在船的防浪板附近,当一个浪头冲击着它时,轻飘的浪花翻上了船甲板,下雨般地淋了我们一身。夜色清朗,和白昼一样,这些危险的情况也清楚地呈露在我们的眼前,一眼看去,更觉得触目惊心。我也清楚地看出船长的脸色,他站在舵手的身旁,轮番地用一只脚支持身体,还不时地向两只手呵气,然而,他如钢铁样的坚定,照旧聚精会神地倾听、瞭望。那次战斗中,他和雷契先生表现得不很出色,可是,我见到他们在他们的本行中却显得很勇敢,尤其因为我发现艾伦的脸色非常苍白,所以,对他们格外觉得可钦可佩了。

"哎唷,大卫,"艾伦说,"我真是万万料想不到这种死法。"

"什么,艾伦!你不是害怕吧?"我叫道。

"不,"他说,舔一舔自己的嘴唇,"可是你得承认,这是一个悲凄的结局。"

这时候,船为了要躲避暗礁,不时地转变航行的方向,但仍旧靠近陆地,逆风航行,我们已经绕过伊奥那岛,开始沿姆尔岛前进了。陆地末端的边缘外的浪涛汹涌澎湃,激荡得船只摇晃不定。两个水手死命地把住舵,霍西森有时还得亲自帮忙,眼看这三个强壮的汉子使尽浑身力量,握住舵柄,而它却像一个活生生的动物似的挣扎反抗,把他们逼了回去,这情况使人觉得新奇。若不是大海稍微平静了一会儿,那一定会闯出一场大祸来的。这时,雷契先生也在头顶上的高处大叫,说他已经看到前面一无阻碍的海面了。

"你对了,"霍西森对艾伦说,"先生,你救了这条船,等我们将来结账的时候,我会记起这一件事的。"我相信,他并不光是空口说说,他会这么办的,因为契约号在他的情感中占有很高的地位。

可是这只是猜测而已,事情跟他的预料恰恰相反。

"把船转向一个方位,向风的方面有暗礁!"雷契大喊道。

喊声还没有消逝,浪头已翻上甲板,冲击着帆篷,船撞上暗礁,把我们翻倒在甲板上了,还差点儿把雷契先生从桅杆上掀下来。

我马上爬起来,发觉我们撞着的这个暗礁,紧靠姆尔岛的西南端,在一座名叫埃累德小岛的附近,黑黝黝地躺在左舷的下面。海浪一会儿对准我们没头没脑地冲来,一会儿猛推着可怜的船只,向暗礁冲撞,我们可以听到凶猛的大浪冲成碎浪的声音;帆篷呜呜的响声,风儿叫啸,浪花在月光下飞舞,还有那危险的预感,把我弄得昏昏沉沉的,几乎不了解我所见到的一切是怎么一回事。

没一会儿,我发现雷契先生和几个水手围住船上的那条小艇,手忙脚乱地干着什么事,我还摸不着头脑时,也赶快奔过去帮助他们,一等到我着手工作,我的脑子才清醒过来。那只小艇躺在船的中央,里面装满了船上所需要的笨重的设备,这不是一项轻松的活计,那越来越猛烈的风浪不时迫使我们停止工作,但是一有可能,我们又像马匹似的继续坚持下去。

这当儿,那些能够走动的伤员,都从前舱的窗孔中爬了出来,跑过来帮助;其他躺在床铺上没法动弹的可怜虫们,开始迫紧喉咙,尖声呼救,这些声音闹得我心头好像一团乱麻。

船长没有参加这项工作,他似乎愣住了,抓住护桅索,呆呆地站着,独个儿自言自语的,船只每次和岩石相撞,他就大声呻吟。在他的心目中,这只船仿佛是他的妻儿,他成年累月地眼看可怜的兰塞姆受到虐待而无动于衷,然而,一旦他的船只遭到了灾难,他却感到切肤之痛了。

我们在那小船旁工作着的整个时间中,心头念念不忘地想着另一件事。我眺望着海岸,向艾伦询问,那是什么地方?他回答,这对他是糟得不能再糟了,因为这是坎贝尔族居住的地区。

我们派出了一个伤员,要他察看海浪的情况,如有意外,随时向我们警告。我们正准备把小船推下海里去的时候,这个水手突然尖声叫喊:"看在上帝份上,抓牢啊!"听到他这种喊话的声调,知道事情不妙了。果然不错,猛然间涌起了一股大浪,举起船身,把它侧倒过来。我不知道是不是因为警告声来得太迟,还是因为我没有紧紧握住,在船身的突如其来的颠簸中,我被抛过船舷,掉进了大海。

我沉下去了,给灌了个饱,接着我浮了起来,刚看到一眼月亮,又沉了下去。据说一个人第三次沉下之后,再也浮不起来。然而,我不能做那样的人物,也不愿意写下我前后总共沉浮了多少次。这些时候,我只是被冲来撞去,迫住了气息,然后咕咚咕咚吞下了几大口海水,这样的事搞得我神志昏迷,已经无所谓难过、无所谓恐惧了。

不久,我发现自己抓住了一根很大的桅杆,它大大地帮助了我,刹那间,我已经躺在静水里了,头脑也开始清醒过来了。

我抓住的那根杆子是一根备而不用的桅杆,我发现,我已经和那条船相隔很远,不禁很惊骇。的确,我曾经向它高声呼救,可是,声音显然已传不到那儿了。它并没有被击得粉碎。至于他们是不是已把那条小船放下水去,因为我距离太远,所处的位置又太低,已看不清楚什么了。

当我向那二桅船呼救时,我觉察到自己和船只之间的那股水流并不是汹涌的浪涛,而像煮沸了的开水,在月光下,到处冒起一个个水泡,有时,这一股水流像活蛇的尾巴似的向一旁挥动,有时,一切都消失了,过一会儿,又重新沸腾起来,起初我猜不透这是什么样的玩意,心头增加了对它的害怕,我现在才知道,那准是一股急流,它那么飞快地把我冲走,又那么狠心地把我摔了很多个筋斗。临了,它仿佛玩厌了似的,把我和那根桅杆向陆地的边缘抛去。

我现在平静地浮在水中了,开始觉得寒冷也能像淹死一样会消灭人的生命。埃累德岛的海岸已近在旁边,凭着月光,我可以看见点点的灌木丛林和闪烁着的云母岩石。

"好吧,若是连这短短的一点路也到不了,那才怪呢!"我心里想。

我是游泳的门外汉,我的家乡只有一条小小的埃森河,不过,当我两手抱紧桅杆,用两只脚拍水时,我发现我渐渐地移动了。这是一项艰苦的工作,而且缓慢异常,我踢啊拍啊闹了约莫一个钟头,才进入了小山环绕下的一个沙底港湾的海角之间。

那儿的海相当平静,听不到一丝儿惊涛拍岸的声响,皎洁的月色向四方倾泻。我心里想,我还从未见到过这么荒芜凄凉的地方;不过,无论如何,这是陆地啊;水越来越浅了,我终于可以丢掉桅杆,用我自己的两只脚涉水上岸了,我自己也说不出,我是有着更多疲倦的感觉呢,还是有着更多感恩的心情。至少两种感觉是都有的。在那晚以前,我一生中从来没有体验过这样的疲倦,我虽然相信我常常感谢上帝,但是从来没有像现在这样有值得感谢的理由。

第十四章　小　岛

我的脚一踏上岸,就开始了我的险遇中最倒霉的一段经历。那时已是午夜12点半,陆上风力微弱,但仍旧是阴寒透骨。我生怕冻死,不敢坐下来,忍受着无限的疲倦,脱掉鞋子,赤着脚在沙地上走来走去,还不时敲拍自己的胸膛,四周没有人声,也听不到家畜的嘶鸣。照理,这是公鸡们开始醒来的时候了,但是也没有一声鸡啼,只有浪涛在遥远的海湾外面往返地冲击,使我想起我的危险的处境,同时关怀着我的朋友的安危。夜这么深,周围又是这样荒芜寂寞,而我还得在这样的海边踱步,我的心头,油然地产生了恐惧。

曙光刚露出头,我马上穿好鞋子,爬上一个小山——我出世以来爬过的最崎岖的山路——一路上,有时走在两块很大的花岗岩之间,或者从一块岩石跳到另一块岩石时,常会滑倒在地上。当我爬上山顶时,晨曦已经降临了。然而根本没有那二桅船的影子,我想,它一定是从暗礁上掀了起来,沉入海底了,也到处看不见那条小船。海洋上找不到一艘帆船,陆地上呢,也看不见房屋和人影。

船上的伙伴到底遭到什么样的命运呢，我想也不敢想，也不敢多看一眼这种空虚的景色。就是没有这些，也已有很多的事情足够我烦恼了：我的衣服已经湿透，浑身劳累，而我饿瘪了的肚子又叽哩咕噜地抱怨起来。我开始沿着南岸向东走去，希望找到一所房屋，进去暖和一下，也许还可以打听到那些失散了的人的消息。就是最不顺利的话，太阳也会很快地升起来，至少可以晒干我的衣服。

一会儿后，前面出现了一个小湾，也许是海的入口，挡住我的去路，那海湾似乎深深地插入陆地，我没有可以摆渡过去的工具，只好改变方向，绕过它的末端。道路仍然是非常的崎岖难行，实际上，不但是埃累德岛，连邻近的姆尔岛的一部分（人们称为罗斯），也只是些乱七八糟的花岗岩石，上面只生长一丛丛的灌木。起初，我看见小湾似乎渐渐地狭小起来，我走了没多远，它又开阔起来了，这使我吃了一惊。我拼命搔头皮，也弄不清是怎么一回事。最后，当我走到一块高地上时，我才一下明白过来，原来我给抛弃在一个四面环海、无路可通的小小的荒岛上了。

天公不作美，我本来希望等到日出后，好晒干我的衣服，偏偏下了一场大雨，又升起浓雾，我的境况格外悲惨了。

我冒雨站着，浑身哆嗦，不知道怎么办才好。最后，灵机一动，说不定可以涉水走过这个小湾的。我回到那最狭窄的地方，走下了岸，还没有走出三码，扑通一声，整个身体都淹进水里了，一直没到耳朵上面，以后人们如果还能看见我的话，那多亏是上帝的恩惠，而不是由于我自己的小心谨慎。这场灾祸倒没有使我更加湿（我浑身本来已经湿得不能再湿了),却使我冷得受不了;最倒霉的,我又失去了一个希望。

我突然想起了那根桅杆,既然它能使我渡过那个急流,这么小小的平静的港湾,那当然可以把我安全地渡过去了。想到这儿,我马上出发,不顾一切爬过这岛屿的顶端,要把那桅杆找回来,这段路程把我累得要死,若不是那一点希望支持着我,早已意志沮丧,不再前进了。我唇焦口渴,弄不懂是因为海水的盐分,还是因为周身越来越发热的缘故,我只好停下来,从沼地里找些泥浆水来解渴。

到底来到那港湾上了,人呢,与其说是活着,还不如说跟死了的差不多。我向海面望了一眼,觉得那桅杆已经比我丢掉它的时候稍微远了一点。我走进去,这是我第三次进入大海,脚底下的沙子平滑坚实,逐渐地倾斜下去;这样,我可以一步步地涉水过去,水几乎浸到我的脖子了,小小的浪花洒在我的脸上,到这么深度时,我的脚开始不听使唤,眼睁睁看见那根桅杆在我面前20尺左右的地方浮动,却不敢再前进一步。

我始终抱着百折不挠的决心,现在,这最后的一点儿希望也破灭了,我回到岸上,向沙滩上一扑,眼泪不禁夺眶而出。

我在那岛屿上度过的那段时光,至今回想起来仍觉得毛骨悚然,最好不去想它。我读到很多关于船舶遭难的故事,一说起那些被抛弃在荒岛上的人们时,总是说,他们的袋子里装满了工具啊,或是一箱子这样那样的物品,跟他们一块儿漂到海滩上啊,仿佛故意这样似的。我的情形可不一样。我的口袋里除了金钱和艾伦的银扣子外,却是空空如也,而且我是在内地长大的,我正像缺少工具那样也缺少知识。

话是这么说，但也知道甲壳类动物是可以充饥的，我在岛上的岩石之间找到了很多的蛾，起初，我不懂得动作需要迅速，否则，简直没法把它们扳起来。还找到了名为油螺的贝壳小生物，我想它的英文名叫 Periwinkle（玉黍螺）。我的全部菜单就是这两种小生物，我找到了它们，就生吞活剥地咽了下去，我已经饿得发慌，开始时，还觉得它们鲜美得很呢。

也许它们是不合时令的食物，或者，这个小岛四围的海水有问题，我咽下这第一顿食物后，马上觉得头晕眼花，连连作呕，像一个死人似的躺了好久。可是我又没有其它的东西可吃，只好又拿它们填我的肚子，这次还好，我的精力也恢复了些。我待在这荒岛上的一段时间里，每一次吃东西后，自己也不知道可能会产生什么后果。有时候，情况良好；有时候，却把我投入病痛的深渊。我始终不清楚，到底是蛾还是油螺，使我遭到了那种难忍的痛苦。

雨水像倾倒似的，终日不息，小岛成了泥浆地了，到处找不到一块干燥的地方；当我躲在两方突出的岩石中间，躺着过夜时，我的两只脚只好搁在湿地上。

第二天，我向岛的四面八方跑去，到处都是一样，尽是荒芜的岩石，除了一些可以供人打猎的小鸟外，岛上也找不出什么生物，而我又没有去猎获它们的工具，数不清的海鸥在遥远的岩石上栖息。这个岛屿和罗斯岛的陆地之间的联系被那个小湾——或是海峡——割断了，小湾向北通入一个海湾，而这个海湾又和伊奥那的海峡相通连。这就是我要选择作为家的四周的环境，老实说，若是想到这种地方竟是我的所谓家,那我一定会痛哭不止的。

  我所以选择这个地区,理由是挺充分的。那儿有一间猪棚似的小茅屋,原是渔夫们到这儿来捕鱼时睡觉的地方,可惜泥草盖成的屋顶已经完全塌陷,还比不上那些可以稍避风雨的岩石,所以对我仍旧是一无用处。不过,那儿倒有一个好处:那里有不少我赖以活命的贝壳类小生物,潮水一退,我一下子可以收集到许多,不消说,这也是一种方便。另外还有一个重要的理由,我对于这小岛上可怕的孤独总不习惯(像一个被追捕的人似的),依然在又害怕、又渴望的情绪中向我周围各个方面观看,也许能看到有人过来。现在,我站在面对海湾的山坡上,可看见伊奥那的高大古老的教堂和居民房屋的屋顶。每逢早晨和黄昏,我还可以看见罗斯岛的低地上袅袅升起的炊烟,那似乎是从一个山谷的农村中升起的。

  当我又冷又湿,感到孤独难受时,常常望着这些炊烟出神,想起了家,想起了朋友,想得心阵阵发紧。当我望着伊奥那的那些屋顶时,也产生同样的心境。见到人们的家和那舒适的生活,虽然加深了我自己的痛苦,却增加了我求生的希望,使我咽得下那越来越讨厌的贝壳动物,而当我独个儿面对着死沉沉的岩石、飞禽、雨水和冷漠的大海时,也可以冲散我心头的恐惧感。

  是的,它使我继续抱着希望,我已经看到了教堂的钟塔,看到了人们屋子上的炊烟,难道我还会孤独地在这祖国的海岸上死去吗?这似乎是不可能的。第二天过去了,我从早到晚,怀抱光明的希望,期待着海湾上航行的小船或者罗斯岛上走来走去的人们,可是一切都落空了。雨照常滴滴答答地下个不停；等我回来睡觉时，我照旧浑身湿透，喉咙肿痛难忍，也许只是在向伊奥那的那些邻居们祝了声晚安后，才稍微舒服一些。

查利二世曾经宣称：一年之中，在英吉利的气候下，比起任何别处的气候来，人们能够过着更多的户外生活的日子。这种话，真像一个背后有着宫殿，随身带着干衣服的国王说出来的。他那次从乌斯特逃亡①，一定比我在这个倒霉的小岛上的经历要运气得多了。这时候正值盛暑，可是整日整夜地下着雨，直到第三天的下午才放晴。

这一天发生了很多意外的事。早晨，我看见岛的最高处出现了一只红色的——生长一对美丽的叉角的雄鹿，它冒雨站在那儿，没有发觉我，直到我从岩石下探出身子时，才急忙忙向另一方向奔去。我猜想它是从海峡上游过来的，只是，我简直想象不出，是什么东西把它吸引到这个埃累德岛来的。

过不了多久，当我跳来跳去，忙着找寻油螺时，一个金几尼落在我面前的岩石上，滑进了大海，这使我吓了一跳。那天水手们把钱还给我的时候，他们不但拿去了三分之一的钱，还吞没了我爸爸的皮制的钱袋，所以，那天以后，我没法把我的金币包扎好，只能放在我的衣袋里，用一个纽扣扣上。不消说，现在口袋一定有个破洞了，我赶紧用手掩住，可是这是亡羊补牢罢了。我离开皇后渡口时有50镑左右的钱，

---

① 1651年9月3日，查利二世所率领的苏格兰军队与英国克伦威尔的军队战于乌斯特，被后者所败。

而现在呢,我发现只剩下了两块金几尼和一个银先令。

不错,我过后又在一块草地上拾到了一枚在那儿闪闪发光的金几尼。这使我这个应是一个田庄的合法继承人,而今却在荒野的高地尽头的一个小岛上挨饿的小子,只剩下三块金几尼又一先令的财产。

这种倒霉的事情层出不穷地向我袭来,第三天早晨的那种境况,才是真正的悲惨。我的衣服开始破烂了,特别是我的长袜子,已经磨破了,我的两条小腿也就露了出来;我的两只手,由于经常不断地泡在水里,已变得浮肿,我的喉咙疼痛,精力也迅速地衰退了,那些迫得我非吃不可的可怖的食物使得我的心里难受,光是见到它们就几乎要作呕。

然而,最不幸的事还没有来到呢。

埃累德岛的西北面有一块相当高的岩石,因为顶上平坦,又可以眺望那海湾,所以我时常上那儿去;再加我的不幸迫得我没法安宁,除了睡觉的时间以外,我没法在一个地方待下来。这种经常不断在雨中无目的地奔来奔去,的确耗尽了我的精力。

太阳一露出脸,我就躺在那块岩石的顶上,晒干衣服。阳光的那种舒服的感觉,不是可以用言语能形容的。它给我带回来那快要消逝的获救的希望,而重新兴致勃勃地凝视着大海和罗斯岛。这块岩石南面的一部分陆地,突出在大海中,遮住了海面,若是有小船从那边航行到十分靠近我的地方,我也不会看见的。

好了,一艘扬起褐色船篷、载着两名渔夫的小渔船,突然绕过岛屿那面的拐角处飞也似的驶来了,它是到伊奥那去的。我大声地叫着,然后跪在岩石上,举起手,向他们祈求。他们是那么近,一定会看见我的——我甚至可以分辨出他们头发的颜色。毫无疑问,他们已经看见我了,因为他们用盖尔话喊着,还大笑着。可是,天哪!那小船没有向岸边靠拢,却在我的眼皮底下如飞地向伊奥那驶去了。

我简直不相信天下有这样恶毒的事,我沿岸奔过了一个个的岩石,凄惨地向他们求救,甚至我的声音已经不可能达到他们那儿时,我还是喊着,对他们挥舞我的手臂,一直等到他们已经驶远了时,我想,我的心快要爆炸了。在我遭到这些大难的整个时期中,我只哭过两次。一次是我没法拿到那根桅杆的时候,现在,当这些渔夫对我的呼救声充耳不闻时,我第二次哭了。这一次,我哭啊吼地活像一个顽皮的孩子,用我的指甲拼命地挖着草地,脸孔在泥土里摩擦。如果说,心里的愿望能把一个人咒死的话,那么,这两个渔夫准活不到明天,我大概也会死在这个小岛上了。

等愤怒稍微平息了一些,我又该填填我的肚子了,可是面对这种厌恶的食物,我简直没法控制自己。真的,我还是饿着肚子的好,这些贝壳动物又使我中了毒。这一切苦楚,我还是第一次尝到,喉咙痛得简直没法下咽,一阵阵猛烈的战颤,使我的牙齿磨得咯咯直响;我遭受到的这种病痛的可怕的感觉,在苏格兰话或英文中,还没有适当的字眼可以拿来形容。我想,这次我非死不可,我向上帝祈祷,原谅了所有的人,连我的叔叔和那些渔夫都宽恕了;当我这样下定决心,准备迎接这最恶劣的情况时,我反倒清醒过来了:我观察着渐渐干燥了的夜,衣服也干了大半。我登上这个小岛以来,还从未有着这样好的境况;于是,我对上帝抱着感激的心情,蒙眬地睡去了。

下一天(这是我过着这种可怕生活中的第四天),我发现我的体力非常的虚弱。幸而明朗的阳光,甜蜜的空气,和我硬着头皮吞下去的贝壳动物,对我倒很有帮助,恢复了我的勇气。

我还没有到达我那块岩石时(我每次吃了东西后,第一件事就是跑到那儿去),忽然看见一只小船驶下海峡,我心里想,它是朝我这个方向驶来的。

这一下,希望和恐惧的感觉马上又在我的心头激荡起来了。我猜想,这些家伙可能改变了残暴的想法,回来搭救我了。可是,如果再遭到昨天那样一次失望的打击,我是再也受不住了。于是,我背着海,心头一——二——三——四地一直数到好几百没有回头看过一眼。小船仍向着这小岛驶来。我数得尽可能的慢,当我整整数到 1000 时,我的心快要炸裂了。啊,一切都没有问题了,它是笔直地向埃累德岛驶来的啊!

我再也没法抑制自己了,我朝海边狂奔,从一块岩石跳到另一块岩石,尽可能远地走下海里去;我没有被淹死,也是一个奇迹,因为,当我终于立稳脚步时,我的两条腿已经摇摇欲倒了,我的嘴是那么干渴,我需要用海水润湿它后,才能喊出声来。

小船一直不停地驶来,现在,我可以看出,它就是昨天的那条船和那两个渔夫。这是我根据他们的头发认出来的,一个是一头光亮的黄头发,另一个是一头乌黑的头发。这一次,还有一个人跟他们在一起,从他的外表看来,他是属于一个境况较好的阶级的。

他们来到可以互相交谈的地方时,就放下篷,停住了。尽管我一再的恳求,他们也不再近前一步,最令我吃惊的,那个新来的人望着我说话时,一面还咯咯地笑个不停。

然后,他在小船上站起来,对我长篇大论地说了很久,他说得很快,还做了很多手势。我告诉他我不懂盖尔话,我这句话使他非常生气,于是,我开始疑心他自以为他是说着英语呢。我仔细倾听了好久,好几次,辨出了"无论如何"这个字眼;可是其余的全是盖尔话,这对我来说,跟希腊话和希伯莱话没有什么两样。

"无论如何。"我说,向他表示我已听清楚了一个字。

"是的,是的,是的,是的,"他说,然后对其余两个人望望,仿佛是说,"我跟你们说过,我会说英语的啊。"接着又开始起劲地说着那些盖尔话来了。

这一次,我又抓住了一个字眼:"浪潮"。我的心头一下子又有了希望。我记起,他老是不断地向罗斯岛的陆地挥舞着手臂。

"你是说浪潮退了?"我嚷道,没法说完我的话了。

"是啊,是啊,"他说,"浪潮。"

我马上掉转头(我听到那位给我指出生路的人物又开始在船上咯咯地大笑起来),我连奔带跳地在路上跑来跑去,跳过一块又一块的岩石,用我从来没有过的劲头穿越了这个小岛。费了半小时左右的工夫,到达了那个小湾的岸上了,真的,小湾已退成涓涓的细流了,我冲过去,水没不到我的膝盖,我大叫一声,冲上了那个大岛的岸上。

在一个海边长大的孩子的眼里,埃累德岛只是一个容易涨潮,也容易落潮的小岛罢了,他们无论如何不会在岛上逗留一整天的,每24小时,都可以进出两次,若是在最低潮的时候,连干净鞋子也不会溅湿一点,最多也不过是蹚水过去。那海湾里的潮头在我的面前涨了又退,退了又涨,我甚至好几次望着潮头的退落,好让我拾取贝壳动物,然而,若是不只是悲叹我自己的不幸,而能坐下来好好地想一想的话,那我一定早已猜出了这个秘密而脱离险境了。那些渔夫并没有懂得我,也怪不得他们了。值得惊奇的是,他们不知怎的竟会猜出我的可怜的错误的感觉,不怕麻烦地又回来了。我在那个小岛上饥寒交迫地受了将近100小时的折磨。要不是那些渔夫,我可能因为这种十足的愚蠢而在那岛上留下了我的白骨。即使我脱了难,已经付出很大的代价了,不光是过去几天的痛苦,还有我现在的境况:穿的衣服像一个花子,走一步路都觉得困难,而且我那发炎的咽喉给我带来了很大的痛苦。

  我见到过很多很多的坏人和傻子;我相信,到头来他们都要受到应得的惩罚,而第一个受到惩罚的就是傻子。

第十五章　带着银纽扣的小伙子：通过姆尔岛

现在我登临在姆尔岛的陆地上了，这儿跟我刚才离开的小岛同样的崎岖不平，无路可通，到处是些沼泽、荆棘和巨大的岩石。也许熟悉这地区的人知道有路可通，可是我呢，除了用我自己的鼻子去探索以外，没有别的更好的向导了，而且，除了本玛亚山峰，也没有其他的路标可循。

我困在那小岛上的时候，时常看到这儿升起的炊烟，现在，我凭着记忆，尽量对准这升烟的方向走去。我拖着累极了的身体，克服一路上的困难，终于在傍晚5点钟光景，来到了一个小小的山谷下一所房子跟前。那是一幢稍稍狭长的矮房子，用石块搭成，没有抹上泥灰，屋顶上覆着草皮。屋子前面的一个土墩子上坐着一位老先生，他在阳光底下悠然地抽烟。

凭他那一点儿英语，我明白我那条船上的伙伴们已经安全地登了陆，而且，在出事的第二天，他们还在这幢屋子里吃过东西。

"是不是有一位穿着绅士模样的先生？"我问他。

他说他们穿的全是粗陋宽大的外套,不过,有一个单独地先进来的,确实穿着骑马裤和长袜子,其余的全穿着水手的裤子。

"哎,他是不是戴了一顶插着羽毛的帽子?"

他告诉我,不,他也跟我一样光着脑袋。

起初,我猜想艾伦可能把他的帽子遗失了,接着,我突然想起了当时下雨,因此我断定,他那顶帽子大概好好地藏在宽大的外套里面。我禁不住微笑起来了,一半因为我的朋友得到了安全,还有一半想到他在穿着上的虚荣心。

接着,老先生举起了手,在他自己的额头上拍了几下,大声说,我一定是那个带着银纽扣的小伙子。

"啊,是啊。"我回答,有点儿惊讶。

"噢,那我有一句话要告诉你,"老先生说,"你可以经过吐罗赛,追踪你的朋友,到他的家乡去。"

他然后问我一路上是怎样过的,我把我的经历告诉了他。不消说,一位南方人听到了我的话后,准会大笑起来,不过这位老绅士(我是根据他的态度才这么称呼的,因为他的衣服快要和他的背脊分离了),他一直认真地听我的说话,脸上露出沉着和同情的神色。等我说完,他牵了我的手,引我走进他的小屋(那屋子比他的衣服也好不了多少),郑重其事地把我介绍给他的妻子,仿佛她是个皇后而我是一位公爵似的。

那位善良的女人在我面前放了一块燕麦做的面包和一只冷松鸡,她轻轻地抚摩我的肩头,始终对我堆上笑容,因为她不懂英语;那位老先生也不甘落后,为我从他们家乡的土烧酒中调配了一杯猛烈的潘契酒。我一直不停嘴地吃着,过后,当我拿起潘契酒往喉咙里灌的时候,我简直不敢相信我竟交上了这种好运,这间屋子虽然烟雾弥漫,而且像筛子似的到处是一个个破洞,它在我的眼里,却像是一座皇宫。

那些潘契酒使我出了一身热汗,昏昏沉沉地直想睡觉;那两位好人儿让我躺了下来;等我重新起程时,已经是第二天近中午了,我的咽喉已舒畅多了,我的精神也因为那精美的饮食和那好消息而恢复了。那位老先生,尽管我一再坚持,却不肯收一分钱,反倒送我一顶旧帽子,遮盖我的光秃秃的头颅:这顶帽子虽然已经可以由我自由处理,一等我走到看不见那间小屋的地方,把他的礼物放到路边的泉水中洗涤时,我还是非常小心地戒备着,生怕被他看见。

我心里想:"若是这些高地人是粗野的,那我可以说,我自己的乡亲们是更加粗野了。"

我动身很晚,我花掉近乎一半的时间东看看,西逛逛,真的,我遇到了很多农民,他们在一小块连养活一只猫儿也会发生困难的可怜的田地上费力地工作,有的人赶着一头只有驴子那么大的小牛。自从反抗运动以后,法律严禁高地人穿着他们自己的服装,这些人没有办法,只好顺从他们万分厌恶的低地的习惯;现在,看到这些五花八门的打扮,真感到新奇。有些人赤着脚,只穿一件拖到膝下的斗篷或一件宽大的外套,而把他们的裤子像多余的负担似的披在背上;有些人仿照花格子呢衣服,用一条五颜六色的布条子拼补起来,弄得活像老婆婆的被单;还有些人呢,他们仍旧穿着高地的短裙,不过在两脚之间缝了几针,把它变成了像荷兰人穿的裤子。按照那为了要击毁部族的意志而严厉地执行的法律,这些一时权宜的衣饰都是不许可的,需要处罚的,不过,在这种被大海包围着的偏僻的岛屿上,很少有人会说东道西,至于搬弄是非的人,那就更少了。

他们似乎非常穷苦,这实在是很自然的事,如今反抗运动已经被镇压下去,首领们连一座公开的房屋也保不住;而道路上(即使像我现在所走的那么乱七八糟的乡间小道),也是花子们出没的场所。我注意到,这儿跟我的家乡还有一点不同的地方。我们低地的花子——甚至得到准许来求乞的穷绅士们——都有一套卑躬屈膝的马屁功夫,如果你给他一个普拉克①而要他找零的话,他会彬彬有礼,恭恭敬敬地找还给你一个包德尔②。可是这些高地的花子却是气派十足,你给了他舍施,换来的是一声哼鼻子,而且也不会把零钱找给你的。

这种情形当然跟我毫不相干,只是给我赶路助助兴罢了。跟我关系比较重要的事是,这些人中只有几个懂得一点英语,而这寥寥几个人中(除非他们是花子们的同行弟兄),又不很愿意用英语来帮助我。我知道,吐罗赛是我的目的地,我把地名向他们连说了几遍,边说边做着手势,其实,他们只要直截了当地指点出方向就够了,他们偏偏不这样做,却喋喋不休地向我说了一大套盖尔话,弄得我呆呆地不知怎么办才好;所以,说我在路上迷路和不迷路的时间各占一半,也用不着惊

---

① 普拉克:以前在苏格兰流通的一种铜币,值四个苏格兰便士。
② 包德尔:过去在苏格兰流通的一种小铜币,值六分之一便士。

奇了。

大约是晚上8点钟,我精疲力竭地来到一间孤零零的屋子跟前,我请求让我进去,竟吃了闭门羹。末了,我想起金钱在这种穷乡僻壤中的魅力,于是我用拇指和食指拿起了一个金几尼,真是有钱能使鬼推磨,那位一直假装不懂英语而用手势把我赶走的屋主人,突然开始讲起可以听懂的英语来了,他同意留我宿一晚,到明天还领我到吐罗赛去,代价是五个先令。

那一晚,我翻来覆去地没有睡好,生怕会遭到抢劫,其实呢,我根本用不着这样的自讨苦吃,我的屋主人不是强盗,只是一个可怜的穷汉和大骗子罢了。穷人不止他一个,因为,第二天早晨,我们须得跑上5里左右的路,到一个他称为财主的家去兑开我的一个金币。这位先生也许在姆尔岛称得上是个财主,若是在南方,恐怕谁也不会以为他够得上这个称呼;他尽其所有,把整幢房子都翻了个遍,再靠一位邻居帮助了几个,才勉强凑齐20个银先令。他把那零头一先令留归自己,并声称他家中只储藏少数先令,他实在吃不消把一大笔钱"锁起来不用"。尽管这样,他倒是非常殷勤好客,说话又漂亮,他请我们两人一块儿在他家里和家人一同吃饭,他还在一只漂亮的瓷碗里调配了一碗潘契酒,这一下,我那个混蛋的向导高兴得不肯出发了。

我可冒火了,我向那位财主乞援(他的姓名是赫克托·麦克利)。他是亲眼看见我们的约定,也看见我付了五个先令的。可是,麦克利已经喝下他自己的那份潘契酒,发誓说,酒调好后,凡是绅士就不应当离开他的桌子,这样,我除了坐下来领教约各派的干杯祝词和盖尔话的歌曲以外,还有什么办法呢?这一顿酒,一直饮到全都醉眼惺忪、跟跟跄跄地摸到床上和谷仓里去过夜时才告结束。

下一天(我流浪的第四天),我们在 5 点钟以前就起来了,可是我那个混蛋的向导马上又去找酒瓶了,我足足花了三小时,才把他请出了这幢屋子,结果呢(像你将要听到的),只是遭到一场更大的失望。

麦克利先生的屋子前面,躺着一个灌木丛生的山谷,我们在这个山谷中走着的时候,一切都还顺利。只是,我那位向导不停地回过头去张望,我问他干什么,他光是露出牙齿对着我笑。可是,一等到我们走过山的背后,看不见那幢房屋的窗子时,他马上对我说,吐罗赛就在前面,他用手指指一个小山的顶,说那是我的最好的路标。

"有你跟我一块儿走,我可不管这些。"我说。

那个厚颜无耻的骗子用盖尔话回答我,说他不懂英语。

"喂,朋友,我知道得很清楚,你怎么有时候懂英语,有时候又不懂。跟我说,到底有什么东西可以把你的英国话带回来?是不是想多得到一点钱?"

"再给我五个先令,"他说,"它们会把你领到那儿去的。"

我想了一下,就答应给他两个先令,他贪婪地接受了,不过,坚持要我马上给他。"为了好兆头啊。"他说,我想还不如说为了我的晦气才比较适当。

这两个先令并没有把他带出多少里路,走了这一段路程后,他又像一个准备歇脚的人,在路旁一坐,并脱下他脚上的鞋子。

这次我可按捺不住心头的怒火了,我吼道:"喂! 你又不懂英语了吗？"

他厚着脸皮回答："不懂。"

这句话恨得我眼睛前火星直冒，我举起拳头，准备揍他一顿时，他霍地从他的破衣服里抽出一把小刀，退后一步，蹲在地上，像一只野猫似的对着我狞笑。这时我愤怒得什么都忘了，我冲到他面前，用左手挡开他的小刀，举起右手，狠狠地在他的嘴巴上击了一拳。我那时年轻力壮，再加怒火中烧，而他不过是个瘦小的汉子罢了，他扑通一声，跌倒在我面前的地上了。真幸运，他倒下去的时候，他的小刀从他的手中飞走了。

我捡起那把刀和他的鞋子，向他说声再会，继续我的行程，让他光着脚板留在那儿，失掉了武器。我一路走去，暗自好笑，肯定跟这个恶棍从此一刀两断，这我有好几个理由：第一，他知道他再也拿不到我的钱；其次，那双鞋子在那个乡间只值几个便士，最后，那把小刀实在是一把匕首，他带着它是违法的。

走了约莫半小时，我赶上了一个衣衫褴褛的大汉，他走得相当快，他用一根手杖试探着道路，因为他两眼差不多全瞎了。他告诉我，他是一个传教士，我听到这句话，照理应该把心安定下来了。可是他那副尊容却叫我忐忑不安，那张脸的后面似乎隐藏黑暗、危险和秘密。当我们开始并排走路时，我看见他的外套口袋里冒出了一支手枪的钢制的枪托。带上这样的玩意儿，就是初犯，也得处罚15个金磅，如果是再犯，那得流放到海外的殖民地上去。而且我弄不懂一个传教士出门为什么要武装起来，一个瞎子拿了手枪能干什么用呢？

我把我的向导的事告诉了他,那件事我是干得颇为得意的,而我的虚荣心又一次地战胜了我的小心。他一听见我提到那五个先令的时候,突然失声大叫,这使我决定不再提到另外的两个先令,而且很高兴,他没法看见我的脸红。

"是不是太多啦?"我问,有点儿结结巴巴了。

"太多啦!"他叫道,"怎么,只消请我喝一杯白兰地,就把你领到吐罗赛。路上有我做伴,保你称心满意。我是一个有点学问的人哩。"

我告诉他,我看不出一个瞎了眼的人怎么能当得了向导;这番话引起他哈哈大笑,还说,他的手杖抵得上一头鹰的眼睛。

"凭我这副出色的头脑,至少,姆尔岛上的每块石子和每一座灌木丛,我都知道。现在你瞧,"他用手杖向左面挥了一下,又向右面挥了一下,似乎要指点得确切一些,"那边嘛,是一条哗啦啦地流着的小河,小河的源头那儿,耸起了半壁小山,顶上有一块高竖起的岩石,靠山很近的山脚下有一条是到吐罗赛去的必经之路;这儿的道路常有牛羊群走过,显然是给踩踏了的;通过那灌木丛望去,显得青翠碧绿。"

我得承认,每一件事他都说对了,我告诉他我很惊诧。

"哈哈!这算不了什么。"他说,"在法令①还没有颁布,这一带还可以带武器的时候,我还是个射击能手呢,这点你会相信我吗?是啊,我能打枪的啊!"他高声说,然后向我瞟了一眼。"如果你有手枪之类

---

① 约各党人被彻底击溃后,英国政府颁布一项法令,禁止苏格兰高地人穿着民族服装和携带武器。

的玩意儿,想试一下的话,我可以表演一下给你看。"

我告诉他没有这玩意儿,一面躲开他的话头。这时,我看见他的手枪的枪托在口袋外面一晃一晃,太阳照在钢上,闪闪地发光。要是他已经知道了这一切,那还了得?我的运气不坏,他一点也不知道,自己以为瞒得紧紧的,什么都没有泄露。

接着,他狡猾地打听起我的情况来了,他问我是从哪儿来的,是不是有钱,能不能替他兑开一个5先令的银元币(他宣称他这一笔钱放在他的毛皮袋①里);这些时候,他一直一步紧一步地追问我,我也一个接一个地躲开他的问话。这当儿,我们已经走在一条绿油油的小路上了,这条小路是经过几个小山,通到吐罗赛去的,我们两人像跳"里尔舞"②似的不停地调换位置。显然我已占了他的上风,这使我更加兴致勃勃,而且我也的确拿这种捉迷藏的游戏逗乐呢。可是这位传教士的火气越来越旺,终于勃然大怒,用盖尔话咒骂起来了,还拿他的手杖打我的腿。

我向他提出警告,并老实告诉他,我的口袋里也像他一样有着一支手枪,要是不乖乖地向南面的小山走的话,那我说不定会把他打得脑浆迸出。

他顿时变得非常客气,试图软化我;过了一会儿,他发觉这一套花招并没有收效时,马上又用盖尔话咒骂我,然后离开了我。我小心地

---

① 苏格兰人系在短裙前面的小袋子,主要做装饰用。
② 里尔舞:苏格兰人的一种活泼的舞蹈,通常由两人相对而舞,成一个8字形。

望着他,只见他轻轻地用手杖叩着地面,大踏步跨过泽地和荆棘,拐到小山背后,消失在另一个山谷里了。我一路问讯,向吐罗赛走去,我非常高兴,宁可独个儿走,也不愿跟这个有学问的人结伴同行。今天真是个倒霉的日子,连续打发掉的两个家伙,是我在高地所碰见的两个最坏的坏蛋。

到了吐罗赛,我在姆尔峡眺望莫温的大陆,那儿有一家客栈,店老板姓麦克利,据说他出身非常高贵。高地和我们家乡不同,认为开客栈是相当高雅的,也许这跟殷勤待客有关,也许因为这是个优哉游哉、有酒好喝的行业。他说得一口好英语,他发现我有点儿像学者,开始用法语向我试探,这方面,他轻而易举地胜过了我,然后改用拉丁语说话,这可不知道谁优谁劣了。这种愉快的竞赛使我们马上情投意合。我和他坐在一起,共饮潘契酒(说得更正确些,是我坐在那儿瞧着他喝)。他喝得醉态蒙眬,竟伏在我的肩头上哭泣起来了。

我假装出乎意料地让他瞥见艾伦的纽扣,可是,他显然从未见过或听说过这玩意儿。相反,他倒向我咒骂起阿希尔的家属和朋友来了。在他还没有喝醉以前,他用非常漂亮的拉丁语对我朗诵了一首讽刺诗,这首诗是用挽歌的字句组成的,非常恶毒地讽刺了那个家族中的一位人物。

我把那位传教士的事情告诉他,他听了后,不住地摇头,说我幸亏躲开了他。"那是个非常危险的家伙,"他说,"他名叫邓肯·麦基格,光凭耳朵打起枪来,在若干码以内能够百发百中,时常有人控诉他干着拦路打劫的勾当,还说他曾经谋杀过人呢。"

"妙极啦,他还自称是个传教士呢。"我说。

"他为什么不可以这么说呢?"店主人说,"他就是这个身份,正因为他瞎了眼,杜德地方的麦克利才让他做的。说起来也真够可怜,从此以后,他老是在路上跑,从一个地方跑到另一个地方去听听年轻人谈宗教。不消说,这对于那个可怜虫是个很大的诱惑。"

我的店老板到底也有喝不下去的时候,他指引我看了我的床铺,我高高兴兴地躺下来。在这四天内,我在这个大而弯曲的姆尔岛上走过了大部分地方;从埃累德到吐罗赛,乌鸦飞飞也要50里的路程,我东拐西弯地足足走了将近100里,反倒不觉得很疲倦。真的,在这长途跋涉终了时,我的心境和身体状况,比我刚开始时要好多了。

第十六章　带着银纽扣的小伙子：经过莫温

　　从吐罗赛到大陆上的金洛却林,有一个正规的渡口。姆尔海峡的两岸居住着一个姓麦克利的部族,同我一起摆渡的大多是这一姓氏的人。渡船的老大名叫尼尔·罗伊·麦克罗勃,我知道麦克罗勃是艾伦部族中的姓氏之一,而且也是艾伦本人要我到这渡口来的,所以我急于想同尼尔·罗伊私下谈一次话。

　　在那拥挤的渡船上,谈话当然是不可能的,而且渡船又航行得非常缓慢。当时微风不起,渡船的设备也实在可怜,可以划的桨一边只有二张,另一边呢,只有一张。不过船夫们倒很高兴地用力划着,旅客们也轮流地帮助他们,全体人员优哉游哉地唱起盖尔话的船夫曲。这样的歌曲、这样的海上空气、这样兴致勃勃的精神,还有这样明朗的气候,使这一段航程显得赏心悦目。

　　然而也有悲哀的一面,在亚林湾的出口处,我们发现那儿停泊了一艘出海的大船,起初,我还以为是一艘皇家的巡逻船,每逢夏冬两季,这一类的巡逻船时常在那个海岸上出巡,来防止和法国之间的交往。我们驶近一点儿,才看出来原来是一艘商船,令我感到迷惑的是,不但它的甲板上,连海滩上也是黑压压的一大堆人,而船老大们却不断地在他们之间来回奔跑。再驶近些,一阵阵把人的心也会撕碎的悲号声传进了我们的耳朵,甲板上和岸上的人正大声地相对哀号哭泣。

于是,我明白,这是一艘开往美洲殖民地的移民船。

我们把渡船靠到移民船的旁边,那些行将在海外流落的可怜虫,紧靠船边的围栏上,向我同船的一些旅客伸出了手,呜呜咽咽地哭泣着。我不知道这种生离死别的场面还要继续多久,他们似乎都没有时间的感觉似的。最后,移民船的船长——他对于这样哭泣和乱糟糟的情况,似乎一点不动心似的,而且也不感到惊奇——他来到船边,请求我们离开。

尼尔把渡船驶开了。这当儿,渡船上领唱的歌手唱出一首哀歌,接着,移民们和他们岸上的朋友同声唱和起来了,四面八方响起一片像悼念死人的挽歌似的悲音。我看见渡船上的男男女女,连那些弯着身划桨的,都流了泪,泪水滴滴答答地从他们的颊上直滚下来。这种景象和那歌曲的调子(他们叫它《洛却包长逝了》),甚至把我也感动得伤心极了。

到了金洛却林的海滨,我把尼尔·罗伊悄悄叫到一旁,对他说,他一定是亚品地方的人。

"如果不是,那又怎么样?"他说。

"我正在找寻一个人,我想起,你也许会知道他的消息。"我说,"他名叫艾伦·布雷克·斯图亚特。"我非常愚蠢地没把那纽扣给他瞧,相反地竟试图把一个先令塞进他的手里。

他马上往后一跳。"你这是对我莫大的侮辱,"他嚷道,"这根本不是一个绅士对待另一个绅士的态度。你问起的那个人,他现在法国,我告诉你,即使他是在我的毛皮袋里,而你的腰包里又装满了金钱,我也不会伤他身上一根毫毛的。"

我发觉,我已经用错了方法,就连道歉的时间也不再花费,马上把纽扣放在手心里,给他看了一下。

"行啦,行啦,"尼尔说,"我想你一开始就不该绕那种弯儿。好吧,你既然就是那个带银纽扣的小伙子,那么,一切都行了,我受到托付,要我看到你太太平平地经过这儿。不过,恕我直率地说:有一个名字你可不该长久地挂在嘴上,这名字就是艾伦·布雷克;还有一件事,你可千万干不得,那就是:把你的臭钱塞给一位高地的绅士。"

这是很不容易道歉的。事实上,要不是他亲口告诉我,那我永久也想不到他会是一位绅士的,而我怎么能把这个想法告诉他呢?尼尔倒并不想和我多费口舌,只想完成他的使命就万事大吉,所以,他赶紧把我应该走的路线告诉了我。这条路线是:当夜在金洛却林的客栈里歇脚,第二天经过莫温到达阿高尔,晚上,宿在一位名叫"克莱莫亚的约翰"家里,这位先生已得到通知,知道我可能到他那儿去的;第三天,在考伦渡过一个港湾,再在巴拉丘律希渡过另一个港湾,然后沿途问讯,找到"格利的詹姆斯"的家,他住在亚品的杜洛区奥却村。你要知道,这一段路得经过多少次摆渡才行啊!在这整个地区,海水一直深入山里,在各个山脚下弯来拐去。这样,这个地区倒是个可以固守的地方,可是行路却困难极了,而且一路上尽是荒野,随时都可能遭到危险的。

尼尔还给我其他的忠告:路上不要跟任何人说话,避开费格派、坎贝尔们和"红外套士兵们";若是看见这类人走来,马上离开道路,躲到树丛中去,"因为跟这批人狭路相逢,准会倒霉的"。一句话,要我装成一个强盗,或者是一个约各派的密探,也许尼尔认为我就是这一流人物。

金洛却林的客栈糟得跟叫花窝差不多,连猪都住在里面,乌烟瘴气,虱子臭虫满地爬,投宿的高地汉子都默不作声。这样的住处,使我大不满意,还埋怨自己不该对尼尔那么冒失,我认为我的处境已经糟到不能再糟了。其实,我不久就发现,我这种想法简直是大错而特错。在那家客栈里呆了没半个小时——大部分时间我都站在门口,避免泥炭的烟熏了我的眼睛——猛然间,一阵雷雨疾驰而来,山洪爆发了,洪水冲过客栈所在的那座小山,客栈的一角成了一条滚滚的河流。在那些日子里,苏格兰的各种公共场所都相当的糟,然而,这一次我却见到了一个难得的奇观:当我从烤火的地方走到睡觉的铺位那儿时,竟须涉水而过,并且水浸没了我的鞋子。

第二天,出发后不久,我赶上一位矮小、结实、严肃的人,这位先生慢条斯理地踱着八字步,有时拿起一本书,读上一段,有时用手指指点点,他服饰整齐,一副教士的打扮。

他也是一位传教士,不过跟姆尔岛的那个瞎子不属于一个教派:他是由"爱丁堡宣扬基督教义教会"派遣出来的教士之一,来到这些更荒蛮的高地地区宣扬福音的。他名叫汉德兰,他那浓厚的南方口音使我备感欣慰;除了通常的同乡情谊以外,我不久发现,我们之间还有一种特别的情谊,原来,我和他相遇时他拿在手里朗诵的书,就是我的好朋友——埃森底的那位牧师的大作;那位牧师在空暇的时候,曾把一些赞美歌和圣书译成盖尔话,现在,这位汉德兰就把它拿到工作中使用,而且非常尊重它。

我们马上结伴同行,一直到金加洛赫才分手。一路上,凡是遇到有路过的行人和农民,或是经过他们的身边时,他总要停下来和他们谈话,我虽然不知道他们在谈些什么,不过,看到很多人拿出了鼻烟壶,请他一块儿吸一撮,我断定,汉德兰先生在这一带一定是很受欢迎的。

关于我的事,我把那些认为可以谈的告诉了他一些。当然啰,所讲的那些事是跟艾伦没有一点关系的,而且把我所要去的地方说成是巴拉丘律希,说是到那儿去找一位朋友;因为,我想奥却这个地方——甚至是杜洛这个地方——都是太特殊了,如果说要到这两个地方去,可能会给他嗅出什么来的。

他自己呢,倒向我唠唠叨叨说个不停:他的工作呵,他工作的对象呵,那些隐藏着的神父和约各派呵,"禁止携带武器法"呵,服装呵,还有很多在这个时期和这个地区所发生的稀奇古怪的事情。他似乎是一个温和派,在好几点上谴责国会,特别是因为他们制定了这样的法律:对于穿着民族服装的人竟比携带武器的人受到更严厉的处罚。

他这种温和的看法,引起我向他询问关于红狐狸和亚品的佃户们的事。我想,从一个旅行到这地区去的人的嘴里提到这个问题,似乎是相当自然的。

他说这种事情真是糟糕极了,"那些佃户都快要饿死了,真不懂他们从什么地方把钱找来的。(喂,巴尔福先生,你没有带鼻烟这玩意儿吧,带了没有?没有,不消说,我最好没有这玩意儿。)我刚才谈起的那些佃户,不消说,有一部分是被迫这样的。你听说过杜洛的詹姆斯·斯图亚特吗?大家提起的'格利的詹姆斯',就是他,他是那部族的首领阿希尔的异母兄弟,是一位非常受人尊敬的人物,他把大家迫得很严。还有一位称为艾伦·布雷克……"

"哎哟!他怎么啦?"我叫起来了。

"风是任着什么性儿吹的呢?"① 汉德兰说,"他一会儿在这儿,一会儿又不见了;今天在这儿,明天又不知去向:一个来无踪、去无迹的人物。若是说他正躲在那边金雀花丛里恶狠狠地瞪着我们俩,那我也不会惊奇!喂,你没有带鼻烟这玩意儿吗?"

我告诉他没有。这件事,他已经问了不止一次。

"那是非常可能的,"他叹息着说,"不过,你没有带它,那似乎又值得惊奇。噢,我说些什么来着,这位艾伦·布雷克是个大胆的不顾死活的家伙,大家都知道他是詹姆斯的左右手。他的生命早已不是他的了;他天不怕,地不怕,也许,若是有佃户退缩不前的话,他会对准他的

---

① 这位传教士引用圣经里的一句话,整个句子是:"风随着意思吹,你听见风的响声,却不晓得从哪里来,往哪里去。"(见《新约约翰福音》三章八节)

肚子,戳上一刀的。"

"汉德兰先生,你这个故事编造得太拙劣了,"我说,"要是两方面都怕他,那我还听它干什么?"

"不,"汉德兰先生说,"还有'爱'呢,那种自我牺牲的精神会叫你我这一类的人都臊得无地自容呢。这里面有一些好的因素,也许不是基督教徒的,不过很合乎人情。甚至是这个艾伦·布雷克,根据我所听到的,也是一位值得尊敬的年轻人。巴尔福先生,在我们自己那部分地区里,很多很多撒谎的骗子手表面上装得像个正人君子,坐在教堂里,其实呢,也许比那个误入歧途的杀人凶手还要坏得多。是的,是的,我们也许可以从他们那儿学得一点东西。噢,你也许以为我在高地待得太久了吗?"他加了一句,微笑地望着我。

我告诉他,一点不是这样;说我在高地人中间见到过很多值得钦佩的人物;要是他追问起来,那坎贝尔先生本人就是一位高地人。

"是啊,确实这样。是一个高贵的人物。"他说。

"国王的那位代理人怎么样啦?"我问。

"珂林·坎贝尔吗?他把头钻进蜜蜂窝里去了!"汉德兰回答。

"我听说他要用暴力把佃户们赶走,是不是?"我说。

"是的,"他说,"不过,像老乡们所说的,这件事翻来覆去搞过几次了。起初,格利的詹姆斯骑马到爱丁堡去,找了一个律师(不消说,也是一个姓斯图亚特的——他们像尖塔里的蝙蝠似的靠拢在一起),他就设法把这件事中止执行了。接着珂林·坎贝尔插手进来,他在高等法院的法官们面前占了上风。刚才他们告诉我,第一批佃户们明天就得搬走了。而且是在杜洛开始,就在詹姆斯的窗子底下开始搬走,照我的肤浅的意见看来,这似乎不是个聪明办法。"

"你认为他们要打一仗吗?"我问。

"那谁知道?"汉德兰说,"他们是给解除了武装的——至少外表上是这样——其实,不知还有多少兵器藏在隐蔽的地方。于是这位珂林·坎贝尔派了一些军队进来。即使这样,如果我是他的太太,没有看到他回家,我是不会定心的。这些亚品的斯图亚特们真是些奇怪的家伙。"

我问他,他们是不是比他们的邻居们还要难对付。

"他们还不是,"他说,"事情糟就糟在这儿。若是珂林能够把亚品的事情搞得太太平平,那个称为玛莫亚的近邻地区(那是卡茂龙族聚居的地之一)又会开始找他的麻烦了。他是这两区里的国王土地经管人,他须得把这两个地区里的佃户们统统赶走才行。真的,巴尔福先生,我坦坦白白告诉你,我相信,他就是在这一个区域里逃过了一关,他也会在那一个地区里丢掉性命的。"

我们一路谈,一路走,大半天时间就这样消磨过去。汉德兰先生表示他很高兴有我做伴,尤其是我还是坎贝尔先生的一位朋友。(他说:"对于坎贝尔先生,我要不揣冒昧地称他是我们苏格兰教会中的甜蜜的歌手。")然后,他建议我别匆忙赶路,到他的家里歇一夜,他的家就在前面金加洛赫过去一点儿。说真的,听到这个邀请,我高兴得几乎要发狂;自从我经历了那位向导和那位绅士船老大的两次不幸的遭遇后,我实在没多大欲望想去和克莱莫亚的约翰打交道,我对任何高地的陌生人都存了点戒心。于是我们为这个约定握了握手。到了下午,走到了坐落在林尼湾岸上的一座孤零零的小屋。那时,太阳早已没入这一边的阿高尔的荒山里,不过还在那遥远的亚品的群山中照映;海湾水波不兴,宛如一个湖泊,只有一些海鸥在海边上空旋转、啼叫;整个地区是一片肃静、荒凉。

我们刚走到汉德兰先生的住处,他竟粗鲁地掠过我的身边,扑进房间里去,使我大吃一惊(因为这不是我常见到的高地人那种彬彬有礼的态度)。只见他抓起一个瓶子和一把小匙,把大量的鼻烟往自己的鼻子里塞进去。接着连打了一阵痛痛快快的喷嚏,才转过头来,对着我,堆起一种傻笑。

"这是我起的誓,"他说,"我立誓不把它带在身边。当然啰,这滋味可不好受,不过,我一想到那些殉道者,不光是那些苏格兰正教徒,还有其他的基督教友们的遭难,我怎么还好意思把这玩意儿挂在心上呢?"

我们吃过东西后(麦片粥和乳浆是这位好人的最好的饮食),他露出严肃的脸色,对我说,他得替坎贝尔先生完成一项任务了,那就是,他要查询我心中对于上帝的感觉。想到他那鼻烟的事儿,我禁不住要微笑起来,可是他说了没多久,却引得我眼眶里掉出了泪水。有两件事绝不会叫人厌烦的:善良和谦恭。在这粗野的世界上,我们很不容易从这些冷漠、傲慢的人群中得到它们。汉德兰先生的舌尖上倒透露了这两种声音。自从我经历了那几番险遇,而且所谓举起了胜利的旗帜,凯旋归来后,就自以为很了不起;想不到他没说了几句,就使我在这一个朴质穷困的老头儿身旁跪下来了,心头充满着骄傲和愉快的感觉。

上床以前,他从那藏在草泥墙里的很少一点儿积蓄中拿出六个便士,送给我路上零花。面对这一种非凡的好意,我简直不知道该怎么办才好。可是,他对我是那么恳切,我终于觉得,顺从他的心意,还比较有礼貌些,于是只好让他弄得比我还贫穷。

第十七章　红狐狸的死

第二天,汉德兰先生替我找到了一个要到亚品去的人,这个人自己有一条船,打算在下午渡过林尼湾到那儿去捕鱼。他是汉德兰先生的一个信徒,同意带我去。这样,我可以少走一整天的路,还可以节省两笔摆渡费,若不然,我还非得经过两个公共的渡口不可。

我们出发的时候,已近中午了。天色暗淡,云层密布,只有很小几片地方才照到阳光。这儿的海非常深,却很平静,海面上几乎见不到一丝波浪。我得拿一点水,放到嘴唇上尝尝,才能相信这真是咸水。两边的山高而险峻,草木不生,在云层的影子下显得格外的黑暗、阴郁,只有阳光照射到的那些小小的水道,却像是一条条银色的丝带,环绕着群山。这样的亚品,真像艾伦所说的,似乎是一个不容易照料的地方。

有一件事顺便提一下,我们动身后没多久,岸上有一帮鲜红夺目的东西在阳光的照耀下向北移动,那种鲜红的颜色,跟士兵们的外套很相像,还不时发出小小的电花和闪光,仿佛是阳光射到了明亮的刀剑上似的。

我向船主人询问那是什么,他回答,可能是些从威廉要塞来的"红外套",开到亚品去镇压那儿的穷苦佃户的。真的,我一看见这种景象,不由得感到悲哀,是不是因为我想起了艾伦,还是因为我心中产生了某种预感,那就难说了。虽然我这是第二次见到国王乔治的军队,我对他们实在没有什么好感。

我们快划近利温湾的入口处的时候,我请他帮我登岸。船主人是位老实人,他记住他答应传教士的话,一定要把我带到巴拉丘律希,这样一来,跟我的秘密目的地可离得更远了,在我的坚持下,我终于在雷脱莫亚(我听到它有时也叫雷脱华亚)的森林底下登岸了。我已经到了艾伦的家乡亚品了。

这是一片桦树林,生长在一个陡峭崎岖的山坡上,那座山突出在海湾上,山上有很多的裂口和长着羊齿植物的小谷,一条通向南北的小路或没法行车的马道横贯在山的中间,山边有一泓泉水,我在泉水旁坐下来,吞嚼汉德兰先生送给我的燕麦面包,一面考虑着自己的处境。

我坐在那儿,不但被成群的小虫子刺得难受,最恼人的,却是心头的疑惑不决,我应该怎么办呢?我干吗要把自己跟艾伦那样的亡命徒杀人犯联系在一起呢?我干吗不自己花钱另雇向导,像一个懂事人似的直接回到我南方的家乡去呢?如果坎贝尔先生甚至汉德兰先生听到了我这种愚蠢放肆的行动,他们会对我起怎样的想法呢?这些疑团,越来越强烈地骚扰着我。

我正这样坐着沉思时,一阵人马声从树林那儿传了过来。不久,道路的转角口出现了四个旅客,这个地区的道路是太崎岖、太狭小了,他们成单行地牵了马下来。领头的是个魁梧的红头发绅士,一张傲慢专横的红脸,他气喘吁吁,头上直冒热气,手中拿着帽子不住地扇着。跟在他后面的那位,穿一套整洁的黑色服装,戴一头白色假发,我可以断定他是一个律师。第三个人是个仆人,他身上穿的衣服还是格子花呢的,可见他的主人也是高地人出身,如果不是个亡命之徒,那准是皇家的宠儿,因为穿格子花呢是违法的。再说,若是我早已精通这类事儿的话,那我就该知道,这种格子花呢是亚哥尔①(或是坎贝尔)家的花式。这位仆人的马上捆了一只大型的旅行皮包,马鞍的前穹上,挂了一袋调配潘契酒用的柠檬;这些是这一带的阔气旅客的习惯。

至于跟在最后面的第四位呢,这一类人物的模样,我倒曾经见识过,我立刻认出他是执行官的手下人。

我一看见这些人走来,马上打定主意(自己也不知道什么理由),决心完成我这种历险;等到那位领头的人走过我的身边时,我从那长着羊齿植物的地上站起来,向他打听到奥却去的路径。

他马上停下脚步,向我望了几眼,神色有点儿奇怪,接着,他转过头去,对那位律师说:"孟高,这件事有点儿奇怪,看上去比出现两只喜鹊②还严重。我这次要到杜洛去,你是知道我去干什么的;现在这小

---

① 亚哥尔公爵是坎贝尔族的领袖。
② 迷信说法,认为出现两只喜鹊预示凶兆。

子从草里直跳出来,问我是不是上奥却去的。"

"格伦努亚,这可不是开玩笑的事。"另一个人说。

这时候,他们两人来到我的跟前,对我瞧个不停,两个随从在后面几十步路以外停住了。

"你到奥却去找谁?"格伦努亚的珂林·罗伊·坎贝尔问我,他就是大家称为红狐狸的那个家伙,想不到我问问路,竟问到他的头上来了。

"找住在那里的人。"我说。

"格利的詹姆斯吗?"格伦努亚说,他默默地想了一下,然后对律师说:"难道他在召集他的人吗?你是不是这么想?"

"不管怎么,我们最好在这儿等一下,等那些士兵跟我们集合在一起。"那律师说。

"若是你们为了我操心,那我要告诉你们,我不是他的人,也不是你们的人,我只是国王乔治的一个忠实的臣民,既没欠谁的恩,也不怕谁。"我回答。

"好,说得真好,"那位土地经纪人回答,"不过我还要冒昧地问一声,这位忠实的人从他家乡老远跑到这儿来干什么?他干吗来找阿希尔的兄弟?我老实告诉你,这里我当权,我是这一带好几个田庄的土地经管人,我背后还有着12个小队的士兵呢。"

"我早已久闻大名,这还是这一带的一个流浪汉告诉我的,他说你是一个不容易对付的人物。"我有点儿激怒地说。

他的两只眼睛照旧盯住我不放,似乎有点怀疑。

"得啦,"他终于开口说,"你的舌头也真勇敢;不过,对于直率坦白的人,我也不是不讲交情的,要是你问路的日子不是今天,而是任何别的日子,那你问我怎么走到詹姆斯·斯图亚特的门上去,我会马上告诉你,还会祝你一路顺风。可是今天——喂,孟高,怎么样?"他又转过头,对那个律师望了一眼。

他的脑袋刚转过去,从那高山上突然射来一枪,枪声响处,格伦努亚扑倒在路上了。

"唉,我要死了!"他连续喊了几声。

律师赶快把他扶起,抱在怀中,那个仆人站在他的身旁,十指交叉地紧握着两手。这时,这个挨了一枪的人鼓起一双惊吓的眼睛,一会儿望望律师,一会儿望望仆人,他的声音也变了,听了叫人伤心。

"我是活不成啦,好好照顾你们自己吧。"他说。

他似乎想要瞧瞧伤口,抬起手,试图解开衣服,可是手指却在纽扣上滑来滑去,于是长叹一声,脑袋向肩头上一靠,便和这世界长辞了。

律师始终没有说过一句话,他拉长了脸,像死人一样惨白,那个仆人却孩子似的顿时号啕大哭起来。我站在一旁,直瞪瞪地望着他们,心头说不出的害怕。那个执行官的手下人呢,他一听见枪声,马上向后面奔去,召集士兵们去了。

过了一会儿,律师把死人放在地上,让他躺在血泊里,自己才摇摇晃晃地站起来。

我相信,由于他这个动作,才使我惊醒过来,他还没有站稳脚跟,我已经往山上爬去,一面大喊:"捉凶手啊!捉凶手啊!"

眼睛一眨,我已经爬到第一个陡坡的顶上了,开旷的山岭,一部分已进入我的眼帘,这时候,那个凶手还在不远的地方移动。他是个魁梧的大汉,穿一件黑色的外套,镶着金属纽扣,扛了一把长长的猎枪。

"在这儿啊!我看见他啦!"我放开喉咙直嚷。

凶手迅速地回头望了一眼,放大了脚步。一刹那间,他已消失在茂密的桦树林边缘里了,不久,我看见他在山上更上一点的地方露出身体,他在那非常峻峭的山崖像猿猴似的爬着。接着,他往一块凸出的岩石后面跳了下去,就不知去向了。

这时,我也连奔带跳地追在后面,等我听到有人喊我,赶紧停住时,我已跑了很远一段路,已在那较高处的树林的边缘上了。当我立稳脚步,回头望去时,山岭的一切都展现在我的眼底。

律师和执行官的手下人正站在路上,他们大声地叫喊着,一面做着手势,叫我下去。在他们的左面,那些"红外套"们拿起了滑膛枪,各自奋力地从下面的树林那儿跑上来。

"干吗要我下来呢?"我喊道,"你们快上来啊!"

"捉住那小子的赏10镑!"律师大叫,"他是乱党。他故意找我们谈话,缠住我们。"

这几句话,我听得相当清楚,尽管他不是向我说,而是对那些士兵嚷嚷的;这真是一种新的恐怖,我的心快跳到喉咙口来了。的确,冒生命危险是一回事,如果生命和名誉同时遭到危险,那可大不相同了。何况这件事来得太突然,简直是晴天霹雳,我给弄得目瞪口呆,不知道怎么办才好。

士兵们开始散开了,有的人奔跑着,有的人拿起了家伙向我瞄准。我呢,仍旧木然地站着。

"钻到这儿的树林里来。"近处响起了一个声音。

真的,我简直不知自己在干些什么,身不由己地听从他的话,钻进了树林。这当儿,我听见那些火器乒乒乓乓地响了一阵,子弹嗖嗖地飞进了桦树林。

就在那树林里面,我发现有人拿了一根钓鱼竿,直挺挺地站在那儿,原来就是艾伦·布雷克。他没有说一句客套话(当然那不是讲礼节的时候),只简单地说一声:"跟我来!"马上迈开脚步沿着山边往巴拉丘律希奔去。我呢,像一只绵羊似的跟在他后面。

我们一会儿在桦树林中奔跑,一会儿弯下身子,躲在山边的小墩子后面前进,一会儿又手脚并用地在灌木丛里爬行。每一步路,都有致命的危险,我的心似乎紧压着肋骨,快要炸裂了;我没有时间思索,连喘一口气、说说话的工夫也没有。只记得艾伦不时地挺直身体,回头观看;每次他这样做的时候,立刻从老远的地方传来士兵们的一阵叫喊。我看到这种情况,不由得感到惊讶。

一刻钟以后,艾伦停了脚步,他啪的一声扑倒在灌木丛里,转过脸,对我说:

"喂,你要是想保全自己的性命,千万照我的模样行动。"

于是,我们以同样的速度,只是更万分小心地沿着原路,穿过山边,追踪着回去,也许只是地点比原路稍高一点;一直走到我当初发现艾伦的那个雷脱莫亚的高处树林里时,他才坐了下来,躺在地上,把脸埋在羊齿的叶子里,像一只狗似的不停地喘气。

我是腰酸背痛,头晕目眩,浑身发热,口渴,舌头长长地拖在嘴巴外面,像死人一样躺在他的身旁。

第十八章　我和艾伦在雷脱莫亚树林中的一席话

艾伦第一个醒来。他站起来，走到树林的边缘，向外面窥探了一会，然后回来，又坐在地上。

"喂，大卫，那可是一场猛烈的爆炸。"

我没说一句话，连脸上的皮肤也没有抽动一下。我已经看到一场谋杀，看见一个魁梧的、脸色红润的、快乐的绅士一下子丧失了生命，那幅悲惨的景象至今还刺痛我的心，然而这还只是我担心的一部分罢了。这次遭到毒手的是艾伦的一个仇人，而艾伦本人呢，却偷偷摸摸地躲在树林里，看见士兵就逃；那么，不论是他亲手开的枪，或是由他下的命令，根本没有什么差别。我的看法是：我这位荒野地区的唯一朋友，已犯了最严重的杀人罪。我对他感到恐惧，我没有勇气去望着他的脸，我宁可独个儿在那寒冷的小岛上淋雨受冻，也不愿躲在这温暖的树林里，坐在一个杀人犯的身旁。

"你还累吗？"他又问我。

"不，"我说，脸仍埋在羊齿的叶子底下，"不，我现在一点不累，我可以说话了。艾伦,反正你和我非分手不可了。我非常喜欢你,可是,你的路,不是我的路,也不是上帝的路,不管怎么说,我们一定得各走各的路了。"

"大卫,我是不愿无缘无故地离开你的,"艾伦说,神色非常严肃。"要是你知道任何有损我名誉的事情,看在老朋友的份上,你至少应该让我知道,究竟是怎么一回事;要是你光是讨厌我,不愿意跟我在一起,那我倒要考虑一下,看我是不是受了侮辱。"

"艾伦,这话是什么意思?"我叫道,"你自己也很清楚,那个姓坎贝尔的还躺在血泊里呢。"

他沉默了半晌,然后说,"你有没有听到过'人和好人儿'的故事?"——所谓好人儿,他指的是那些仙女。

"没有,"我回答,"我也不愿意听它。"

"请你允许我,巴尔福先生,不管怎样,我要讲给你听,"艾伦说,"你要知道,在离我们船只失事地点不远的海面上,有一块名叫斯盖雷华亚的岩石,那儿恰好是'好人儿'们到爱尔兰去中途歇脚的地方。有一次,一个人遭难,给抛弃在这岩石上了。唉,他哭得多伤心啊,仿佛只消在临死前看到他的娃娃一眼,才可以瞑目似的!末了,'好人儿'的国王对他起了怜悯心,派了一位长翅膀的仙女,把他的娃娃装在一个袋子里,带了回来,放在那个正沉睡着的家伙身旁;他醒来时,发现身旁多了一个袋子,袋子里还有什么东西在动着呢,唉,这位先生大概就是那种处处从最坏的地方着想的人物。为了自己更安全起见,他拔出短剑,对准袋子狠狠地戳了一下,然后打开一看,里面原来就是他自己的娃娃,已经一命呜呼了。巴尔福先生,我正在想,你和这个家伙非常相像吧。"

"那你的意思是说,不是你干的啰?"我一跃而起,失声叫道。

"肖府的巴尔福先生,我先得像朋友对待朋友那样说明一下,"艾伦说,"即使我要杀人,我也不会在我的家乡动手的,而让我的族人们遭到麻烦,我也不会不带一把宝剑和长枪,反倒背了一根长长的钓鱼竿。"

"噢,那也是事实!"我说。

艾伦拿出匕首,把他的一只手按照某种仪式放在匕首上,继续说:

"现在,我凭着这神圣的兵器起誓:我对于这件事既没有教唆,也没有参与,更没有行动,甚至没有想到。"

"啊,感谢上帝!"我叫道,向他伸出了手。

他仿佛没有看见似的,继续说:

"这儿为了一个姓坎贝尔的家伙,就滋生过许多事!我知道,这样的事儿并不是少见的!"

"至少,你也不能光是怪我啊,"我说,"你自己也很清楚,你在二桅船上对我说些什么来着。当然啰,企图干和动手干是两回事,这我又得感谢上帝了。我们可能都受到恶魔的诱惑,可是,冷酷无情地杀死一个人,唉,艾伦!"这一刹那,我没法再说下去了。"你知道是谁干的吗?"我添上一句,"你知道那个穿黑外套的人吗?"

"我也记不清楚他穿的是什么外套,"艾伦狡猾地说,"我的印象中是蓝的。"

"不管是蓝是黑,你知道他吗?"我又追问一句。

"我也不能不顾良心,说我一定认识他,"艾伦说,"不错,他在我非常靠近的地方跑过,凑巧的是,那时候我刚好伛下身子,束我的皮鞋带。"

"艾伦,你能够起誓,说你不认识他吗?"我叫道。一半是激怒,一半是因为他那种躲躲闪闪的态度。

"还不能说,大卫,我这脑袋实在太健忘了。"他回答。

"我倒清清楚楚看出了一件事,你故意暴露我们两人来吸引那些士兵。"

"说得很像,"艾伦说,"任何有身份的人都会这样做的。你我两人在这事件中是没有罪的啊。"

"真是个好理由!我们既然给弄错对象而被怀疑上了,那就该避得远一点的好,"我大声说,"没有罪的人也照样会当作罪犯来审判的。"

"怎么,大卫,"他说,"没有罪的人,在法庭上总还有开释的机会,可是,发射那粒子弹的小伙子呢,我想他最好是躲到灌木丛里去。天下就是有这么一些人,自己没遭遇过一点儿困难,却老是忘不了自己,顾虑这,顾虑那,难道这就是好的基督精神?如果说,事情反过来的话,若是我没有看清楚的那个小伙子处在我们的地位,而我们又处在他的地位(那是非常可能发生的),那么,假使他把士兵们引开了,我想,我们自己也会非常感激他的。"

他既然这么说,我拿他没有办法了。不过,他的神色始终是那么天真,他的话语中又带着那么纯洁真诚的信念!对于他自以为应尽的义务,又抱着准备牺牲自己的决心,我只好闭紧嘴,不说了。汉德兰先生的话在我的脑中闪过:我们自己可以从这些粗野的高地人学习到一点东西的。是的,我现在学习到一些东西了。艾伦的一切伦理观念都是颠倒的,可是他却像刚才那样的,准备为它献出自己的生命。

"艾伦,"我对他说,"我虽然不能说,你所说的好的基督精神,也就是我自己所理解的好的基督精神,不过,那也够好了。好吧,让我第二次向你伸出手来吧。"

他把两只手都给了我,说我一定对他用了什么符咒,所以他什么都原谅我了。接着,他的神情越来越严肃,说我们再也不能浪费时间,一定要赶快离开这个地区才行;他是一个逃亡者,全亚品地区会像搜查一间屋子似的到处搜索他的,而每一个居民都不得不提出详细的报告,我呢,我也一定会牵涉到这个杀人案里的。

"哎哟!我对我家乡的审判一点不害怕。"我说,想给他一个小小的教训。

"还以为这是你的家乡!"他说,"或者你还以为会在斯图亚特地区被审问呢!"

"反正都是苏格兰。"我回驳。

"朋友,你真叫我奇怪,"艾伦说,"被杀的人是姓坎贝尔的,好了,那就得在坎贝尔族的老窝英浮拉拉开审了;坐在陪审席上的是15个姓坎贝尔的,而神气活现地坐在法官席上的就是坎贝尔族的头儿——那位公爵。大卫,公道吗?遍天下的所谓公道,就跟格伦努亚刚才在路边上所领教的一模一样。"

不瞒你们说,这番话使我有点儿震惊,若是我知道了艾伦的预测跟事实是多么相近的话,那我更要大吃一惊了。的确,只有一点他是夸大了的,那就是,陪审席上姓坎贝尔的只有 11 人,而由于另外四人都是公爵的下属,所以尽管名义上有区别,实际上也无多大的分别。然而,当时我仍旧叫啊嚷的,说他对亚哥尔公爵太不公平了,那位公爵尽管是个费格派,他到底是位聪明正直的贵族啊。

"呸!"艾伦嚷道,"不用说,那家伙是个费格派,我也不否认他是他们一族的好首领。问题是:坎贝尔族中有人被杀死了,若是没有人偿命,那么,那一族的人对他们自己的首领——那位大法官会怎么想法呢?我时常冷眼旁观,觉得你们这些低地人根本分不清楚什么是'是',什么是'非'。"

听到这儿,我禁不住哈哈大笑。出乎我的意料,艾伦也像我一样开心地大笑了。

"不,不,"他说,"大卫,要知道我们现在是在高地上;等我告诉你跑的时候,你就听我的话,拔脚就跑。当然,躲在树林里挨饿不是一件好受的事,可是,戴了脚镣手铐躺在'红外套'的监牢里,那滋味可更要难尝了。"

我问他,我往哪儿逃呢?他告诉我:"到低地去。"这时候,我倒有点想跟他一起走了。的确,我越来越急于想回去,要我的叔叔向我低头。此外,艾伦说过,这件事情无所谓公道,他说得那么肯定,我倒开始觉得他可能是对的了。说真的,世上有各式各样的死,可是,我最不愿意在绞刑架上死掉。我曾经看见小贩出售的一本民谣,上面印上了这个令人毛骨悚然的器械的图画,它的形象,现在格外清晰地浮现在我的脑中,夺去了我对于法庭的偏好。

"好吧,艾伦,我愿意碰碰运气,跟你一块儿走。"我说。

"你必须记住,这不是一件小事情,"艾伦说,"你必须忍饥挨饿,受得了很多的痛苦和折磨。你的床铺将是松鸡的窝,你的生活将同被追捕的麋鹿相似。你睡觉的时候,手里还得握住你的武器。唉,朋友,直到我们逃脱以前,你得经历一番艰苦的生活!所以一开始我要预先让你知道,因为我清楚地知道,就是这么一种生活。假使你问我,你是不是还有别的机会,我的回答是:没有。你或是跟我一起躲到灌木林里去,若不然,就上绞刑架。"

"这倒是一个非常容易决定的选择。"我说,我们为这个决定握了握手。

"现在让我们再瞧一瞧那些'红外套'。"艾伦说,于是他把我领到树林东北面的边上。

从树丛的空隙中望出去,可以看见那座山的大部分,它几乎笔直地插落在海湾里。这一带地势险恶,尽是些悬崖、灌木和细长的桦树。在通往巴拉丘律希的远远的那一边,一个个蚂蚁似的"红外套"在山头和山谷里上上下下,时间一分分地过去,他们显得更小了。这时,他们已不再高声呐喊,我想,他们剩下来的那口气准是要派别的用途了。可是他们仍死死地守住那条小路,一定认为我们还近在他们的周围。

艾伦瞧着,瞧着,脸上堆起了微笑。

"唉,"他说,"等他们结束他们的勾当,他们准会累死了,那时候,大卫,我们倒可以舒舒服服坐下来,吃一点儿,痛痛快快地呼吸一下,打开酒瓶喝上一杯。然后我们向奥却前进,到我的亲族'格利的詹姆斯'的家里去,我必须得到衣服、武器和路上需要的盘缠;然后,大卫,我们将高喊一声:'前进!'而转身消失在灌木丛里。"

于是,我们重新坐下来,又吃又喝,一面眺望那逐渐西下的落日,它慢慢地落到那连绵不绝、漠无人烟的高山的背后,落到我和我的同伴被迫东窜西躲的地方去了。我们这样坐着,谈起了各自的险遇(还有一部分是在赴奥却的途中谈起的)。现在,我把艾伦的险遇,拣那些惊奇的或需要的,尽量地写在这里。

原来是这样的:浪头一过,他马上奔到甲板上,看见我在汹涌澎湃的巨浪中挣扎,一会儿沉下,一会儿浮起,最后瞥见我抓住了桅杆。因此他觉得我可能还有登陆的希望,才留下那些线索和口信,才把我(为了我自己的罪过)引到那个不幸的亚品地区。

当时,二桅船上的人费尽了劲,才把小船降落在水面上,有一两个人登了上去,不料又冲来一股比第一次还要凶猛的浪头,把二桅船抛出一段距离,幸亏它冲到一块突出的礁上给搁住了,若不,它准沉下海底了。这条船第一次触礁时,是船头搁浅,船尾一直在最下面。而现在呢,船尾给抛到空中,船头沉入海里,于是海水像放开的水闸似的向前舱的小窗孔中直灌进去。

谈到以后发生的事情时,艾伦的脸一下子变了颜色。因为船舱里还有两个躺在床上、没法动弹的伤员,他们看见哗啦啦猛冲进来的海水,以为船已经沉下去了,马上惊叫起来,甲板上的人,就在这种凄惨的呼救声中,一个连一个地翻到小船里,抓起桨,划走了。他们还没离开 200 码远,又来了第三个巨浪,这一次,把二桅船高高地举了起来,翻过了暗礁,篷帆也一下子张开,仿佛要追上他们似的疾驶过去,刹那间,一切都停当了,它仿佛被一只手拉着似的,一点一点沉下去,终于,大海淹没了戴萨特的这一条二桅船。

他们默默地往岸边划去,始终没有人作声,那凄惨的呼救声把他们震慑住了,每个人的心头都充满了恐怖,他们好容易才踏上海岸,霍西森仿佛突然从沉思中觉醒过来,叫他们把艾伦抓住。他们都缩手不前,的确,对这一类的勾当他们已经没有多大的兴趣了;可是,霍西森像一个恶魔,他不停地嚷着,说艾伦只是一个单身人,腰包里装着大量的金银,而且又是引起船只沉没和同伴们淹死的罪魁祸首,现在呢,既可以报仇,又可以发财,真是一举两得。何况他们是七对一,这一带的海岸又没有岩石,可以给艾伦靠傍,给他避免后顾之忧。于是,水手们四下展开,从背后向他包抄了过来。

"这时候,"艾伦说,"那个红头发的小个子——我忘掉他叫什么了。"

"雷契?"我说。

"不错,是雷契!是他替我解了围,他问这些家伙是不是还怕上帝的惩罚,他说:'上帝哪,我会亲自帮这个高地人的。'这个红头发小家伙倒不完全是个坏人,他倒还有点正派人的味道。"

"是的,"我说,"他对我还不坏呢。"

"他对艾伦也是这样,"他说,"老实说,我发现他倒是个很好的人呢！大卫,你瞧,船只的失事和那些可怜虫的呼救声一定把他的心都搞乱了,我想这就是替我解围的原因。"

"是的,我也这么想,"我说,"开头他跟其他几个家伙也是一样的泼辣。那么,霍西森对这件事怎么办？"

"我猜想他非常不高兴,"艾伦说,"然而那小家伙对着我直嚷,叫我赶快逃跑,我想这倒是个好机会,就放开脚步跑掉了。我还回头看了一眼,那海滩上弄得一团糟,好像人们在闹意见似的。"

"你这是什么意思？"

"噢,那就是说:拳头到处飞,"艾伦说,"我看见有人像一条裤子似的软绵绵掉在地上了。不过,我想最好别再在那儿逗留。你知道,姆尔岛顶端的那一长片土地是坎贝尔的,他们对我这样一位绅士不见得会攀交情的。若不是这个原因,我一定会亲自等你、找寻你,更不用说帮助那个小家伙了。"（艾伦老是藐视雷契的身材,这是很逗人发笑的,因为事实上,那一位不见得比这一位矮小多少。）"所以啰,"他继续说,"我放开脚步,拼命地向前赶去,每次我碰到了人,我就高喊海边有船只失事啦。妙得很,他们连立定脚步向我麻烦一下也没有过！他们往海滩奔去那股劲头,你真该见识一下才好！等他们赶到那儿的时候,他们就看到一场连台好戏了,这对于一个姓坎贝尔的倒很相宜。我想,那二桅船没有撞碎,却整个儿沉到海里去,这实在是老天爷给这一族的一种惩罚。话是这么说,对你可要倒霉了,若是有什么破碎的东西漂到岸上,那他们会到处去搜索的,这样就会很快发现你了。"

第十九章　惊慌的家庭

我们走着走着,不知不觉间夜幕降临了,午后四散了的云朵,已积聚起来,停住不动了。这季节,天色出奇地漆黑。我们走的路都是高低不平的山坡,虽然艾伦露出很有信心的态度,向前推进,我不懂他怎么找出路径来的。

约莫 10 点半,我们才走到一个斜坡的顶上,看见了下面的火光。那似乎是从敞开着门的屋子里透出来的炉火和烛光,房屋和农庄建筑物的周围,有五六个人每人手里拿着火把,急急忙忙地奔来奔去。

"詹姆斯一定丧失了他的智慧,"艾伦说,"如果来的不是你和我,而是一帮子士兵,那他准会弄得一团糟。不过,我敢说,他事实上派人在道路上瞭望的,所以他清楚地知道,我们走来的那条道路,绝不会有士兵光顾。"

于是,他以特殊的方式吹了三声口哨,看了真叫人惊奇,那第一声刚传出,所有移动着的火把马上停住,仿佛那些拿火把的人给吓呆了似的;不过,到了第三声,他们又像刚才一样奔忙起来了。

这样,他安定了老乡们的心后,我们从斜坡上走下去,走到院门口(这个地方很像是一个很好的农庄),一个相貌堂堂的年纪50以上的高个子在门口迎接我们,他用盖尔话大声地招呼艾伦。

"詹姆斯·斯图亚特,"艾伦说,"我请求你用苏格兰语说话,因为这位跟我一起来的年轻绅士不懂得这种语言。让我来介绍吧。"他伸出胳膊,勾住了我,说:"这是一位从低地来的年轻绅士,在他家乡,也是一位有身份的人;不过,为了他的健康,我想,我们只当不知他的姓名吧。"

格利的詹姆斯转过身子,对我望了几眼,他很有礼貌地向我问好,然后又转身对艾伦大声说:

"这真是一场可怕的飞来横祸,家乡因此要遭殃了。"他使劲地扭着自己的手。

"嗤!"艾伦叫道,"你要了解有甜就有酸的,朋友。珂林·罗伊死了,不是应该高兴吗?"

"是啊,"詹姆斯说,"不过,说实在话,我倒希望他复活!预先吹吹牛、放放炮倒是不坏,可是现在事情干出来了,艾伦,谁来背这个黑锅呢?记住,艾伦,这件事情发生在亚品,就得由亚品付出代价,而我是一个有妻室儿女的人。"

趁他们谈话的时候,我环顾四周。有的仆人站在梯子上,凿开屋子或搬开农庄建筑物的屋顶上的茅草,从里面拿出枪、剑和各种不同的武器;有的人跑来把它们拿走,根据附近山冈下传来的鹤嘴锄的挖掘声,我猜想,他们正在把它们埋起来。他们都那么忙碌、卖力,可是显得乱七八糟,拿着熊熊的火把奔来奔去,几乎你撞倒我,我撞倒你,费尽了劲,却奔向同一支枪,而詹姆斯不断地中断和艾伦的谈话,对他们大声解释没有被正确执行的命令。火把的光亮中,映出了一张张惊慌过度的脸,尽管没有人高声说话,他们的声音中仍颤动着焦急和愤怒。

就在这时候,屋子里走出了一个小姑娘,她的手里拿了一捆东西,艾伦一眼看到那个东西,本能地吓了一跳,我一想到他当时的模样,还会常常失笑。

"小姑娘手里拿的是什么啊?"他问。

"我们把屋子整理了一下,艾伦,"詹姆斯带着那副受惊和有点奉承的态度说,"他们会把亚品的每一样东西都搜索到的,所以需要预先整理一下。你瞧,我们把枪啊,剑啊之类埋在地里。这些东西,我想大概是你自己的法国服装吧,我们要把它们埋起来了。"

"埋掉我的法国服装!"艾伦扯直了嗓子,"老实说,不行!"他奔过去,把那捆衣服拿了过来,退到谷仓里面换衣服,一面请他的那位族人暂时照顾我一下。

于是,詹姆斯把我带到厨房里,跟我坐在同一张桌子旁,他开始时有说有笑,非常殷勤,可是,没一会儿,那副忧郁的神色又重新出现了,眉头紧锁,咬着手指头,偶尔想到我,跟我谈上一两句,堆起一个可怜的微笑,然后又回到他那可怕的沉思中去了。他的妻子坐在炉火的旁边,两手掩住脸,哭泣着;他的长子蹲在地上,在整理一大堆文件,不时地把一份文件引着火,烧成了灰,整个这段时间内,一位脸色红润的女仆在房间里翻箱倒箧地乱找着什么,她神色匆忙,恐惧,抽抽噎噎地哭个不停,时常有人从院子里探进头来,高声询问有什么吩咐。

末了,詹姆斯再也坐不住了,他请求我原谅他的失礼,说他得走动一会儿。他说:"先生,请恕我没有好好地陪你。现在,我脑中尽想到那个可怕的灾祸,看样子,它已影响到一些完全没有关系的人了。"

他站着,瞧他的儿子烧文件,突然,他发现一份他认为应该保存的文件,顿时发作起来,他那种激动的情形叫亲眼看到的人也感到痛苦。他竟连续地敲打着那个孩子,一面大叫:

"你疯了吗?你想把你的老子绞死吗?"他忘记了我在场,用盖尔话长久地责备他儿子,那个小伙子没说一句话,只是他的妻子一听到"绞死"这个字眼时,便把围裙掩住了脸,比刚才更大声地哭泣起来了。

像我这样一个局外人,看到这一种景象,也感到十分悲惨。当艾伦退出来的时候,我真的很高兴,他穿上那身漂亮的法国服装,连他本人也显得十分气派,虽然老实说这身衣服已皱得不成个样子,够不上漂亮两字。现在轮到我去打扮了,詹姆斯的另外一个儿子领我出去,给我换上了一身我已经需要了很久的服装,一双鹿皮制的高地皮鞋,开始穿的时候很不舒服,稍微活动一下,就觉得非常合脚了。

艾伦一定是在我出去的时候把我的经历向他们说了,所以,我一回来,看到他们都急急忙忙替我们准备行装,仿佛知道我也是要跟他一起逃跑似的。他们给我们每人一把剑(虽然我声明并不会使用),几支手枪,还有弹药,一袋麦片,一口铁锅,和一瓶真正的法国白兰地酒。然后,我们准备进入灌木丛。钱的确不够,只剩下两个金几尼,艾伦的束腰带已经由另外一个人紧急送走了,于是这位可靠的使者的全部财产只有17个便士。至于詹姆斯呢,他为了佃户们而到爱丁堡去的那几次旅行,那些路费和诉讼费,把他搞得穷透了,他翻箱倒箧,才凑得三先令五个半便士,而且大部分还是铜币。

"这可不行啊!"艾伦说。

"你们先到附近找个安全的地方躲躲,再带个信给我。"詹姆斯说,"艾伦,你要知道,你们非赶快离开这儿不可,现在不是为了一两枚金几尼而耽搁的时候。他们一定会听到关于你们的风声,一定会来找你们的。依我看来,他们也一定会说你们就是这一天事件的罪魁祸首。若是灾难落在你的头上,那也就是我遭难,因为我是你的近亲,而且你们待在这一带的时候,是我掩护着你们。要是灾难落到我头上呢,"他停了一下,咬着指头,脸色顿时惨白,"要是我给绞死了,那将会给朋友们带来痛苦。"他说。

"那将是亚品的一个不幸的日子。"

"这是梗在我喉咙里的一天啊,"詹姆斯说,"唉,老天,老天,老天,唉,艾伦啊,你和我这样说话,真像两个大傻瓜!"他扯着嗓子,举起拳头,擂着墙壁,于是房屋又震动起来。

"哟,这也是事实,"艾伦说,"我这位从低地来的朋友,"(他向我点点头)"对这件事也给过我忠告,要是我听了他的话那多好。"

"可是你要知道,"詹姆斯恢复了原有的态度,"若是他们把我监禁了,艾伦,那你就需要钱使用。从你和我所说的话看来,我们两个都会遭到极大的不幸的,你注意到这点了吗?好吧,你听我说吧,你要知道,我非亲自去告发你不可,我必须悬赏通缉你,唉,像我们这样亲密的朋友,我怎么硬得起心肠干这类事呢,这是多么的痛心;可是假使把这件事的责任推到我头上,那我非避开不可了。这一点,你了解吗?"

他恳求似的抓住了艾伦外套的前襟,说得那么恳切。

"是的,我了解。"艾伦说。

"你必须离开这个地区,艾伦,不错,要离开苏格兰,不但是你,还有你这位从低地来的朋友。因为我也需要把他告在里面。艾伦,您懂得这一层吗——请你说一声,说你了解的啊!"

我发觉艾伦的脸骤然有点泛红了。"是我把他带到这儿来的,詹姆斯,对我,这真是难极了,"他说,头向后一仰,"这好像是我出卖朋友!"

"喂,艾伦,你听着!"詹姆斯叫道,"你好好的把事情揣摩一下吧!反正总会有人把他告发的;孟高·坎贝尔无论如何会告发他的,那么,我也告一下,又有什么关系?再说,艾伦,我是一个有妻子儿女的人。"接着,两方都默不作声,一会儿,他才说:"艾伦,要知道当陪审员的,都是坎贝尔一族的人呀。"

艾伦沉思了一会,说:

"还有一点,没有人知道他的姓名。"

"他们也用不着知道,艾伦! 这已经在我的手掌里了。"詹姆斯嚷道,活像他真的已经知道我的姓名,是预先探听到的。"至于他的服装、相貌和年纪等等,那我知道得不算少了。"

"我真奇怪,那样的爸爸会生出了你这种儿子,"艾伦厉声说,"你难道为了一点礼物,就把这小伙子出卖吗?你难道叫他换了服装,再来泄露秘密,来陷害他吗?"

"不,不,艾伦,"詹姆斯说,"不是这样,不是这样,是脱掉的那身服装——孟高看见他穿的那身服装。"我觉得他垂头丧气,内心羞愧。的确,他连每一个靠不住的机会都抓着不放,我敢说,他的眼睛前面一直映出了那些坐在法官席和陪审员席上的世仇们的脸和那绞刑架的幻影。"

"喂,朋友,"艾伦对我说,"你对这件事怎么说呢?你在这儿的安全,是由我用人格来卫护的,所以,除了能使你高兴的事情以外,我可不能让你遭到任何别的事情。"

"我只有一句话要说,"我回答,"对这一切纠纷,我完全是个局外人。不过,大家都知道,谁闯了祸,就该由谁去承担,这不是很明白的常识吗!所以,就该把过失归到那个打枪的人的身上。像你们所说的,去告他,去追捕他,让那些正直无辜的人可以安安全全地出头露面。"

我这么一说,艾伦和詹姆斯顿时战栗地惊叫起来,他们恳求我别讲了,因为,这是连想都不能想的事;他们问我,难道我看不出那个小伙子可能因而遭到逮捕吗?"那些姓卡茂龙的会怎么想呢?"(这证实了我的推测,那件事一定是一个从玛莫亚来的卡茂龙族人干的)"你一定没有想到这一层?"他们说,他们那种真挚无邪的神态使我不得不把两手一摊,断绝了争辩的念头。

"很好,要是你高兴的话,就去告我吧,去告艾伦吧,告国王乔治吧!我们三个全是无辜的人,不过似乎非这么办不可!那么,先生,"我那一点儿烦恼已消失了,我对詹姆斯说,"我至少是艾伦的朋友,如果我对他的朋友能够有所帮助的话,我绝不会为了这种冒险发愁的。"

我心里想,还是爽爽快快同意了的好,因为我已看到艾伦左右为难,而且,我私下想,不管我是不是同意,一等到我转过身,他们就会(像他们所说的)去告发我的。可是,这一层我可猜错了,因为,我的话才说完,斯图亚特太太马上从她的坐椅上跳起来,奔到我们的面前,俯在我的脖子上哭泣起来,然后,搂着艾伦的颈项,流着泪,嘴里不停地感谢上帝,因为我们对她的家做了这样的好事。

"至于你呢,艾伦,你不过是尽你的本分,"她说,"可是这个孩子,他来到这儿,看到我们处在最糟的局面,看到这位一家之主像一个求婚者一样地苦苦恳求,他本来应该有权像任何帝王一样发号施令的——至于你呢,我的孩子,"她对着我说,"我的心因为不知道你的姓名而悲痛,不过,我已经认清了你的面容,只要我的心还在我的胸中跳动,我将永远记住你,想念你,为你祝福。"她一面说,一面吻着我,接着,又发出那样的一阵哽咽,弄得我面红耳赤,局促不安。

"嗐,嗐,"艾伦说,脸色非常尴尬,"这个7月的日子来得太突然了,明天,亚品将有一场大的纷扰,那些龙骑兵的东驰西骋,'红外套'们的往返奔跑,还有那连声高喊的'克洛却①',我想,你我还是早些离开的好。"

于是,我们互相道别,迎着那柔和的夜色出发了,我们向东走去,又像以前一样踏上这块高低不平的土地。

---

① "克洛却":坎贝尔族集合族人时的喊声。——作者原注

第二十章　逃亡在灌木丛中：岩石

我们有时候走,有时候奔。可是,当清晨快要临近时,我们走的时候少,奔的时候多了。这一带表面上虽是一片荒漠,可是在山岭的僻静处,却隐藏着一间间有人居住的茅舍和小屋,这样的房屋,我们经过了不止 20 处。每一次,艾伦总让我独个儿留在道上,他自己跑去敲着屋子,跟那被惊醒了的人隔窗谈了一会——这是传布消息——在这个地区里,艾伦即使是在逃命,仍觉得有责任这样做,别的人跟他同样热心,所以,我们去通报的那些人家,倒有一半以上早已听到这件杀人案的消息了。其他人家呢(我虽然离得远一点儿,而且听到的是一种陌生的言语),也照旧可以领悟出,他们接到这消息时不光是表示惊奇,更显得惊惶失措。

尽管我们拼命地赶路,快到东方发白,我们还找不到一个藏身的地方。我们发现是处身在一个大得可怕的山谷中了,东一堆,西一堆,散布着岩石,一条汹涌的河流,在山谷中间穿过,四围群山高耸,荒芜凄凉,没有一点草木。我至今还以为它可能就是威廉王时代那次大屠杀的所在地格兰考山谷①。至于当时我们走的是怎样的详细路线,那我完全茫然了;只记得我们一会儿走捷径,一会儿又来一个大迂回;我们的步子是那么急促,而且跑路的时间通常又是在晚上,而这些地方的名称,不管是我问来的或听来的,又都是些盖尔名字,所以,很容易就从我的印象中消失了。

这样,直到天际破晓,我们才看出是这么一个可怕的地方,我看见艾伦皱起眉头了。

"这不是你和我待得安稳的地方,"他说,"他们准会注意到这儿的。"

话才出口,他已经往河边奔去,那股向前冲的劲头,是我以前没有看见过的。那地方,河流被三块岩石分劈为二。河水滚滚直泻,穿过岩石,激起轰隆隆的可怕的巨响,使我不禁浑身发抖,在那急流上空,扬起了一阵薄薄的迷雾。艾伦没有朝右边看,也没有向左边瞧,却笔直地往中间那块岩石跳去,落地的时候向前一扑,用双手双膝撑住了身体,如果不这样,岩石那么小,他可能冲过头,掉下水去了。我来不及估计一下距离,也不知道那种危险,就跟着他跳过去,幸好他一把把我抓住,才使我没有掉下去。

我们并排地站在那块小小的岩石上,那儿浪花四溅,滑得让人站不稳。我们的面前,是一个不容易跳过的宽阔的河面,我们的四周呢,又是那震耳欲聋的急流。等我看清是站在这样的一块岩石上时,简直

---

① 格兰考山,在苏格兰亚哥尔郡,1692年在这儿发生过大屠杀。

吓得魂不附体,赶忙掩住了眼睛。艾伦抓住我,连连地摇动我,我露出眼睛,才看见他是在向我说话哩,可是瀑布在咆哮,我又心烦意乱,根本没听见他说些什么。只看见他的脸愤怒得充满了热血,连连地在岩石上跺脚。这一眼,我又看见了那狂暴的急流和那半空中的迷雾,赶紧又把眼睛掩上,浑身直打哆嗦。

接着,艾伦把白兰地瓶子凑到我的嘴唇上,迫我喝了几大口,我的血又涌进了头脑。然后,他把手放在嘴上,嘴巴凑到我的耳朵边,大喝一声:"不是绞死,便是淹死!"他转过身子,跳过了那一面的急流,安全地着陆了。

现在,只剩我独个儿站在那块岩石上了,我占的地方比较宽敞些了,那几口白兰地酒使我的耳朵里嗡嗡作响,有了刚才这一个很好的榜样,而且很清楚地看到,若不是马上跳过去,那就永远别想再跳。我把身子伛下,低得几乎膝盖着地,然后,不是靠了勇气,倒是靠了那股绝望下的愤怒,使劲地向前一跳。不用说,只有我的两只手才窜过这样长的距离,抓住了岸,但手一滑,赶快抓住,又一滑,眼看要滑进瀑布里去了,这时,艾伦抓住了我,他先抓住我的头发,再抓住我的衣领,他用尽全力,才把我安全地拖上了岸。

他一句话没说,重新拼命地奔跑,我也只好摇摇摆摆地站起来,跟在他后面狂奔。我本来已经很疲倦了,这时候,身体又弱,再加身体跌破了几处,而且白兰地弄得我有点晕沉沉,因而一路奔跑的同时不住地摔倒,不知怎的还给刺痛了,这一下几乎把我搞垮了。末了,当艾伦奔到很多耸起的岩石中间,在一块巨大的岩石前面立定时,我,大卫·巴尔福要到达那儿,还早得很呢。

我说过,一块巨大的岩石,其实,那是两块岩石,约莫20英尺高,顶上紧挨在一起,刚看上一眼,觉得是无法攀登的。即使像艾伦(简直可以说他敏捷得好像生了四只手),他试图攀登时,也连续失败了两次,直到第三次,他站在我的肩头上,用力一蹿,才算获得了一个据点,可是,他一蹿时的势头太猛,差点把我的锁骨也蹬断了。他上了那儿,马上放下他的束腰皮带,靠了它和岩石上两个浅浅的立脚的地方,我才爬到了他的身边。

到了上面,我才明白,他所以要到这岩石上来的原因。这两块岩石的顶上都有些凹,互相倾斜着,形成了碟子或盘子的模样,足足可以藏得下三四个人。

直到这时候,艾伦还没有开过口,他不论是奔跑或是攀登,都用那种迫不及待的可怕的步伐,我知道他准是非常害怕会遭到什么不幸,甚至登上了这块岩石,他照旧闭紧着嘴,连愁眉不展的脸色也没有消除;他先扑倒在岩石上,从我们隐蔽地方的边缘上略略抬起了头,仔细地向周围察看;这时,天色已经很明亮,我们可以看见山谷的山壁和谷底下那大大小小的岩石,那条河流从岩石之间穿过,激起了白茫茫的浪花。在我们四周,看不到房屋上的炊烟,也看不见一个生物,只有几头苍鹰环绕着一座悬崖鸣叫。

艾伦脸上终于堆上了微笑。

"是啊,"他说,"现在我们才有点希望啦!"他带着取笑的神色瞧着我,"你对跳跃不太在行吧。"

听到这句话,也许因为我感到耻辱而变了颜色,他赶紧补充说:"呸!这怎么能怪你!对一件事情明明害怕,结果做成了,那就是了不起。何况那是水啊,水这玩意儿连我也害怕。不,不,应该受到责备的不是你,而是我。"

我问他为什么。

"为什么?"他说,"这一夜,已经证明我根本没有脑筋。第一,我找错了一条路,而这是在我自己的家乡亚品啊!于是,天光发白后,我们就被困在一个不应该耽搁的地方。这么一来,我们只好冒着危险,躺在这种多么不舒服的岩石上。其次,我又忘了带一个水瓶(这是两件事中的最不应该的事,尤其像我这个经常在灌木丛里出没的人),夏天的日子又长,没有水,只有纯粹的酒,要挨过这么一天。也许,你认为这是一件小事吧;大卫,不消等到天黑,你就会告诉我这是怎么样的滋味了。"

当时我急于想挽回我的名誉,我向他提议,若是他愿意把白兰地倒掉的话,我想奔到河边去,把瓶子灌满。

"我也不愿意浪费这么好的酒,"他说,"昨天夜里,它跟你的交情也不坏啊,要不是它,恐怕直到现在,你还会在那块岩石上站着呢。还有一层,"他说,"像你这样眼光敏锐的人,也许已经看出艾伦·布雷克·斯图亚特比平时走得快了些吧。"

"你啊!"我叫道,"你跑起来简直像一阵风。"

"我是这样吗?"他说,"那么,好吧,那你依靠我好了,我们是一分钟也不能浪费的。现在,我们的话也说得够了。小伙子,你先去睡,由我来瞭望。"

我照他的话,在两块岩顶之间找到了一小块生长羊齿植物的泥煤土,当作我的床,躺下去,最后听到的还是那苍鹰的啼叫。

当我被人粗鲁地推醒时,我敢说,已是上午9点钟了,我发现艾伦的手按住了我的嘴巴。

"嘘!"他轻轻地说,"你打着鼾呢。"

"是啊,"我说,他那显得黯淡的担心的神色使我惊奇,"那有什么关系?"

他从岩石边上悄悄望出去,向我做个手势,要我照他的模样做。

这时已经快近中午,闷热,无云。山谷像画在一幅图画上一样的清楚。离河流约莫半英里路,有一座"红外套"的营帐,他们围住了一大堆熊熊的篝火,有些人在火上煮东西。旁边有一块石头,和我们的岩石一样高,顶上站着一个哨兵,太阳照在他的武器上,闪闪发光。沿河都布着岗哨,有时靠拢得很近,有时分散得较远,那些居高临下的紧要地方,都有哨兵瞭望。平地上,哨兵们面对面地走过来,在半路中相逢。峡谷上面更开旷的地方,锁链似的布置了骑兵,我可以看见人们骑在马上,在那儿走来走去。下面一点,分布了步兵。不过,那条小河,由于汇合了一条相当大的溪流,水势猛涨,他们在那儿分散开,只监视那些可以涉水过去和有踏脚石的地方。

我对他们只望了一眼,急忙低下身子,退回到原处。在黎明时,这个山谷还是那么寂静,现在,突然间竖起了密密层层的兵器和一个个穿着红外套和骑马裤的人物。看到这种景象,我心头有说不出的惊骇。

"你瞧啊,大卫,"艾伦说,"我就怕出现这种情况:他们把小溪监视上了。他们是两个钟点以前才来到这儿的,天啊!你真像是一生一世没睡过似的!现在,我们的处境比较困难了。若是他们跑到山坡上来,就很容易用望远镜看见我们的。假使他们只在山脚下守住,我们还有逃脱的可能,河边的岗哨比较稀少;到了晚上,我们设法通过它们。"

"那么,晚上以前,我们干些什么呢?"我问道。

"躺在这儿,"他说,"birstle①。"

"birstle"这一个很好的苏格兰字眼,的确说尽了我们非过不可的这一天大部分时光的景况。你们要记得,我们是躺在一块光秃秃的岩石的顶上的,正像圆铁板上烘着的两块饼,太阳残酷地对着我们猛射着,岩石烫得几乎摸一下都受不了,那一小块比较阴凉的长着羊齿植物的泥土,同时只够一个人的面积。我们不得不轮流地躺在裸露着的岩石上,这种境况,正像是在铁格子焙炉上殉道的圣徒。我想到,处在同一气候的地带,只隔几天的工夫,我在那个小岛上的时候受到了那么严酷的寒冷。现在呢,却在这块岩石上受到酷热的折磨,这真是令人惊奇的事。

这一段时间里,我们没有一滴水,只靠那瓶纯净的白兰地解渴,这比不喝还要糟糕。我们把酒瓶埋在泥土里,尽可能地保持阴凉,用这

---

① birstle:苏格兰语,烫焦、挨烤的意思。

白兰地涂抹我们的胸膛和鬓角,才感到舒畅些。

士兵们整天在山底下转来转去,没有一刻安静的时候,一会儿换防,一会儿派出巡逻队,向各岩石间搜索。这一带的岩石多得数不清,要想在它们中间去找人,真像在一堆干草里找寻一根绣花针。这种工作是那样的徒劳无功,他们显然进行得比较马虎了。话是这么说,我们可以看见士兵们用枪上的刺刀,向灌木丛里乱刺,使我的脊椎里透过了一股冷气,有时候,他们也在我们的岩石附近逛来逛去,吓得我们几乎不敢呼吸。

在这种情况下,我第一次听到了真正英格兰人的说话。有一个家伙走过我们的旁边,用手在我们躺着的那块岩石的向阳面摸了一下,咒骂一声,马上把手拿开,说"这岩石真罗(热)①!"我对他说话中的那种省略的语气和古怪单调的声音,以及把字母 h 音省掉的奇怪习惯,同样感到惊奇。的确,我曾经听到过兰塞姆这样说话,不过他是从各式各样的人物那儿学来的,充其量也不过是一口南腔北调,我还以为大部分是由于孩子气的缘故。现在,从一个成人的嘴里,竟也听到这种说话的腔调,更使我诧异了。的确,我始终不习惯这种音调,尤其不习惯那种英语语法,一个精于批评的人,就是在这些回忆录里也许也可以看出语法上什么错处来的。

时间逐渐地推移,在岩石上的几个钟头使我们越发沉闷、越发痛苦。岩石也变得更热,太阳也越来越凶猛。我感到头晕、虚弱和风湿

---

① (热)字本为 hot,他说话时略去 h 的音而说(ot)。

症似的剧痛,但又不能不支持下去。那时,我心中想到并从那时以后时常想到我们苏格兰赞美诗的这几行诗句:

> 夜晚的月儿啊,你别打击我吧,
> 白天的太阳啊,也别使我苦恼。

真的,那只是上帝的恩惠,我们两人才没有中暑。

末了,大约在两点钟的时候,我们实在受不了啦,这时候我们既要抵抗诱惑,又要忍受痛苦。因为太阳已开始偏西,在我们岩石东面的部分,就是在那替我们遮蔽、不给士兵们看见的地方,出现了一小块阴影。

"不是这种死,便是那种死。"艾伦说,他从边上溜到有阴影的那一面,在地上倒了下来。

我马上跟着他,也一下子全身躺下来。我是那么乏力,长久暴露在日光下,头脑昏沉沉的。我们足足躺了一两个钟头,浑身酸痛,像瘫掉似的软弱,只要有一个士兵在那一面踱过,我们就会赤裸裸地暴露在他的眼皮底下了。幸亏没有人过来,他们都在另外一面经过,所以,即使处在这个新的位置上,那块岩石继续是我们的屏障。

过了一会儿,我们的精力恢复了些;士兵们现在更靠近河边了。艾伦建议,我们应该尝试一下,马上出发。这时候,全世界只有一件事叫我害怕,那就是:退回到那块岩石上去,别的不管是什么事情,我都乐意干;我们马上像行军似的从一个个岩石旁边溜过去,不时地扑倒在地上,肚子贴着地面,沿着隐蔽的地方爬过去,有时候来一次猛冲,心也几乎跳到喉咙口了。

士兵们装模作样地在山谷这一面搜索,也许是午后的酷热,使他们有点儿昏昏欲睡,疏于警戒,他们睡眼蒙眬地站在岗位上,或者只在沿河两岸派人守望。于是,我们乘机悄悄地走下山谷,往那重叠的群山走去,我们渐渐地离开他们的周围了。这一趟旅程,是我一生中最吃力的经历。我们的周围有那么多哨兵,要想隐藏在这种崎岖不平的地区里,浑身上下非得长着千百只眼睛不可。在我们必须通过一块开阔地的时候,光靠敏捷是不够的,还得把整个地区的形势,和我们必须踏上去的每一块石子的牢固性,都要迅速地判断好。那天下午变得那么寂静无声,就是一块小石子的滚动,也会像一声枪响似的在山冈和悬岩之间散布着回音。

到了太阳下去的时候,虽说我们前进的速度很慢,到底也走了一段距离了,不过,岩石上的岗哨仍旧清清楚楚地在我们的视线之内。这时,我们来到了一个地方,我们把一切恐惧都丢到九霄云外了,这是一条深而急的小溪,溪水顺流而下,到这儿和山谷中的那条河流汇合。我们一眼看见小溪,就马上扑倒在地上,把头和肩都浸没在水里。我不知道,到底是哪一样东西给了我更大的快乐:是那清凉的溪水扫过我们身体时所产生的巨大的激动呢,还是我们狂饮时的那种感觉。

我们扑在那儿(因为河岸把我们遮住了),喝了又喝,沐浴我们的胸膛,让我们的手腕在流动的溪水里随波摇曳着,直到那股阴冷的溪水刺激得它们发痛时才拿出来。最后,我们神奇地恢复了精神,拿出食粮袋,在铁锅子里调制麦片粥,虽然只是冷水拌燕麦,对于一个饿透了的人来说,已经是一顿相当丰盛的晚餐了,而且又没有办法生火,何况像我们的处境,自有不生火的理由。对于灌木丛中亡命者来说还奢求什么呢。

等到黑夜的阴影落到了大地上的时候,我们又开始出发了,起初还是跟以前一样的小心,过后,才比较大胆些,敢于全身挺直起来,跨着很大的步子,向前走去。道路沿着陡峭的山坡和悬岩,非常的曲折。太阳下山后,云层出现了,夜又黑又冷。我虽然不太疲乏,因为一直害怕跌倒,害怕滚下山去,根本不知道是朝什么方向走的。

月亮升起来时,我们还是在道路上走着。下弦的弯月长久地被云层所包围;过了一会,才射出皓光,露出很多黑黝黝的山头,反映在我们下面很远地方的海湾的狭窄的港口上。

一看见这些景色,我们两人都立定脚步:我发现自己是在这么高的地方,似乎是在云端里走路,这使我惊异得愣住了。艾伦呢,他在辨别方向。

他似乎非常高兴,他准是断定我们已走出了敌人的包围,我们的声音已不可能被敌人听见。因为,在我们这次夜行军的剩下来的路程中,他为了消遣,时刻吹着各种音调的口哨,有的像交战时的呐喊,有的愉快,有的悲哀。"里尔舞"的调子使我们的脚步走得更快了,我的南方家乡的调子使我只想回到家乡去,不愿再进行这种历险。这一切,在这黑暗荒漠的大山上,解除了路上的寂寞。

第二十一章 逃亡在灌木丛中：考雷纳基格巉崖

7月初的一个早晨，当我们到达目的地的时候，天色还很阴暗，那是一座高山顶上的一个裂口，一条溪水在中间流过，一面是岩石上的一个中空的洞穴。桦树在那儿长成了一座小小的美丽的树林，再过去一点儿，又成了一座松树林。小溪里多的是鳟鱼，树林里有的是斑鸠，山那边的开阔的山坡上，还时常会有麻鹬的啼声，杜鹃也很多。我们从那裂口的头上望下去，看见玛莫亚的一部分地区，也看见了把这一区和亚品分隔了的海湾，我们坐得这么高，看得这么远，使我惊喜不已。

这个裂口，名叫考雷纳基格巉崖，尽管因为地势高，邻近大海，时常被云层所笼罩，大体说来，倒是一个愉快的处所，我们在这儿度过了快乐的五天。

我们以山洞作为卧室，拿割下来的灌木铺成了床，用艾伦的那件宽大的外套盖我们的身体。豁谷拐弯的地方，有一块隐蔽的低地，我们很大胆地在那儿生起了火。这样，等到云层密布时，就可以烤烤火，煮一点新鲜的热粥,烤些鳟鱼吃,这些小小的鲜鱼是我们亲手在小溪的石子底下和突出的河岸下捉到的。捕捉鳟鱼,的确是我们最主要的事情,也是最大的快乐。我们不但可以节省粮食,预防更恶劣的情况,还进行了一场很有趣的竞赛。那几天,大部分时光都是在水边消磨掉的。我们把裤脚管卷起,一直卷到腰部,暗中瞎摸这些鱼。我们捕到的鱼,最大的也只有四分之一磅,不过味儿很鲜美,拿来放在木炭上焙炙,就是缺少一点盐,否则真可以和山珍海味媲美了。

一有空,艾伦一定要教我击剑,可惜我这方面实在一窍不通,使他大大的苦恼。我呢,可不是这么想,我觉得,因为我的捕鱼本领好几次胜过了他,所以他才心安理得地转到那比我高明得多的玩意儿上去了。他这样的教导,实在是有点儿痛苦,其实并不需要这样,在整个教授过程中,他一直用非常粗暴的态度责骂我,他会那么地迫近我,使我以为他一定要把我的身体穿一个透明的窟窿。好几次,我想转身溜掉,不过,始终站稳了脚跟,因为我从几课中得到了一些收获;其实只需要扮起很有把握的模样,守卫住就行了。所以,虽然我从未使我的老师高兴过,我倒一点也没有对我自己有什么不高兴。

在那一段时间里,你别以为我们疏忽了主要事情——逃走。

第一天早晨,艾伦就对我说:"那些'红外套'要过好多天,才会想到搜索考雷纳基格呢,所以,我们现在可以给詹姆斯捎个信,要他无论如何替我筹集一点钱。"

"我们怎么带给他呢?"我问道,"我们现在是在一个荒凉的地方,而我们又不敢离开,除非你能叫天上的飞鸟做你的使者,我是看不出有什么办法的。"

"是吗?"艾伦说,"那你太不会动脑筋了,大卫。"

于是,他望着那堆火炭的余烬,陷入沉思中了,过了一会,他拿起一根树木,做成十字架的形状,把十字架的四个末端用木炭涂黑,然后有点不好意思似的望着我。

"你可以把我的那颗纽扣借给我吗?"他说,"把送出去的礼物讨回来,似乎有点儿奇怪,不过我承认我自己不愿再割一颗下来了。"

我把扣子给了他,他用包扎十字架的外套上的布条,包好了扣子,再把一根小的桦树枝扎在另一根枞树枝上,他很满意地瞧着自己的作品。

"你知道,"他说,"离开考雷纳基格不很远的地方有一个小小的'克拉钦'(英语称为小村庄),它名叫高列斯纳康,那儿住着一些我可以把自己的生命托付给他们的朋友。不过,还有一些家伙,我可不敢那么信任了。大卫,你知道我们的头颅上悬赏着金钱,那是詹姆斯亲自把悬赏加在我们的脑袋上的。至于那些坎贝尔,只要可以叫一个姓斯图亚特的倒霉,他们是绝不会舍不得金钱的。若不,我会到高列斯纳康去,把生命信托给那些人,就好似我毫不在乎地把手套丢给另一帮家伙一样①。"

"情形是那样,那怎么办呢?"我说。

"在那个情形下,"他说,"我宁可不给他们看见。坏人到处有,更

---

① 西俗:向对方掷下手套,表示决斗意思。

糟的是,还有些意志薄弱的人。所以,再等天黑后,我会偷偷地到那个小'克拉钦'去,把我的这玩意儿放在一位好朋友的窗子上,他叫约翰·布雷克·麦科尔,是亚品的一个'包门'①。"

"我诚心诚意地想知道,假使他发现这东西后,他会怎么想呢?"我说。

"噢,我希望他还有点眼光,老实说,我害怕他不太懂得其中的含意! 不过,我是这么想的:这玩意儿是'煽动十字架'或'火焰十字架'②,它是我们这一族的集合信号;不过,他很清楚我们的部族没有起义,因为它是竖立在窗台上的,又没有写什么字句在它的上面。这样,他会想到:部族不会起义,但是另外有什么用意吧。然后,他会看见我的扣子,那就是邓肯·斯图亚特的扣子。于是他又会想到:邓肯的儿子在灌木丛里,他需要着我呢。"

"好吧,"我说,"也许是这样吧。可是,这儿和福司之间有着很多很多的灌木丛呢。"

"这也是实话,"艾伦说,"不过,约翰·布雷克会看到十字架是用桦树枝和枞树枝扎成的,他会对自己说(若是他是一个还有一点眼光的人的话,这一层我是怀疑的):艾伦是躺在又有桦树又有枞树的树林里。然后,他会想到:附近这类树林不多,他就会到考雷纳基格这儿来探望我们。大卫,如果他不这样做,那让魔鬼带着他一块儿过吧,我

---

① 包门:是一种租户,替地主饲养牲畜,增殖的牲畜和地主平分。
② 用树条扎成十字架形状,集合部族时,将顶端点燃,由人接力赛似的拿着它跑遍部族各地作为集合信号。

可不管啦,而他就是一个没有用的笨蛋。"

"喂,朋友,你太不机敏了!"我逗笑地说,"你在白纸上给他写上几行黑字,不是更简单吗?"

"这真是个出色的意见,肖府的巴尔福先生,"艾伦也跟我逗着玩笑,"跟他写上几笔,对我来说当然很简单,可是叫约翰·布雷克来读它,那就要他的命了。他先得进学校,读上两三年的书才行,可能我们会等得发腻呢。"

于是,那一晚,艾伦拿了他的"火焰十字架",放在那位"包门"的窗台上。回来的时候,他一直在苦恼,因为当时狗又叫,人们也奔出了屋子,他似乎听到枪机的一声咔嗒,看见一个"红外套"出现在一家的门前。下一天,我们躺在树林的边缘上,密切地瞭望着。这样,如果来的是约翰·布雷克,我们就准备给他指点道路,如果来的是"红外套"们,我们也来得及逃跑。

快到中午,我们看见太阳底下有一个汉子,正独个儿沿着山坡的开阔面走着,他一边走,一边用手遮住阳光,向四周张望,艾伦一看见他,马上吹起口哨,那汉子转身向我们走近了一点,艾伦"嗖嗖"地又吹了几下,那人又走近了一点,这样,随着那口哨声,他被引到了我们停留的地方。

他是个约莫40岁的中年人,衣衫破烂,粗野,蓄着胡子,天花大大地毁了他的容貌,外表是愚钝而野蛮。他的英语非常糟,词不达意,艾伦却偏偏不让他说盖尔话,(每当我在旁边的时候,艾伦总保持这非常漂亮的习惯。)也许他本人不是这么愚钝,这种陌生的言语倒显得他格外落后了。不过,我觉得他很少有替我们服务的诚意,他像是个害怕的孩子。

艾伦要他给詹姆斯捎一个口信,这个"包门"却不愿意。"她是忘掉它(我会忘掉的),"他尖声尖气地说。他愿意带一封信去,要不,他就洗手不干。

这一下,我想可要把艾伦难住了,这么荒凉的地方,到哪儿去找书写的用具呢?我不知道他还有那么多随机应变的才能,他在树林里到处寻找,最后,他找到一根斑鸠的羽毛,把它削成笔的形状,再从他的角制火药袋里取出了火药,用河水调成墨水,然后,从他的法国军官任命书上撕下一角(这任命书是他随身带在口袋里的,仿佛这是不会让他走上绞刑台的护身符似的),他坐下来,写下下面的字句:

亲爱的族兄:
　　请把金钱交给来人,由他带到他所知道的地方。
　　　　　　　　　　　你的亲爱的族弟艾·斯

他把信件交托给"包门",这位佃户答允,他会尽他最大的努力,赶快带去。他怀揣着信件,走下了山冈。

他去了整整三天,到了第三天黄昏5点钟左右,我们听到树林里传来一声口哨,艾伦给了回音,半晌,那位"包门"来到河边,东张西望地找寻我们。他似乎不像上次那样绷紧了脸,不消说,他结束了这样危险的使命,当然是很高兴的。

他把那一带的消息告诉我们:"红外套"们已经一窝蜂到了那儿了,武器也给找出来了,可怜的乡亲们每天都遭到麻烦,詹姆斯和他的一些仆人犯了重大的同谋嫌疑,已经给关进威廉堡的监狱。似乎到处都在传说:那一枪是艾伦开的,已经发出传单,悬赏100金镑,逮捕他和我两人。

这真是坏得不能再坏的消息。那位"包门"从斯图亚特太太那儿带给我们的小纸条,也充满了不幸和悲哀。她在纸条上向艾伦恳求,要他别给人逮住,而且是落到军队的手里,那他和詹姆斯就得跟死人一个样的下场,她送来的金钱,是她所能求来和借来的全部;她向上帝祈祷,这些钱可以让我们过得下去。最后,她说她把描述我们的传单附了一份给我们。

我们怀着巨大的好奇心和相当大的恐惧来观看这份传单,我们一面把它当作镜子,可以看看自己的相貌,一面也可以看清楚敌人的枪管,判断它是不是真正瞄准了。对艾伦是这样描述的:"年约35岁的矮小、活跃、长有麻点的人,戴一顶插着羽毛的帽子,穿一件钉着银扣子的法国式蓝色外衣,花边已失去光泽,还穿一件红色马甲和粗毛绒的黑色骑马裤。"至于我呢,说是"一个年约18岁的身强力壮的高个子小伙子,穿一件非常褴褛的蓝色旧外套,一件土布长马甲,蓝色的骑马裤,戴一顶破旧的高地式平顶帽,不穿袜子,露出了脚趾的低地式鞋子,说话带着低地口音,没有胡子"。

艾伦见到有人那么一丝不漏地记得他漂亮的打扮,而且把它写了下来,不禁非常得意,只是当他读到"失去光泽"这几个字的时候,他望望自己的花边,似乎感到了一点耻辱。至于我,我觉得那份传单把我刻画成了一副可怜相,不过我也相当高兴,因为自从我换掉了那身破衣服后,这种叙述已经不再是一种危险,反倒成了安全的保障了。

"艾伦,你应该把你的衣服换掉。"我说。

"不,不!"艾伦说,"我没有别的衣服。若是我戴一顶平顶帽回到法国,那才叫出洋相呢!"

他这么一说,我的脑海中又掠过了一个念头,若是我不跟艾伦和他那身泄露秘密的衣服在一起,那我就会安全,不会遭到逮捕,也许可以公开地干自己的营生。还不光是这一层,万一我被逮捕,只要我是独个儿,那也找不出多大的罪名;可是,若是我和这个出名的凶手一起给逮捕,那我的问题就要严重多了。为了表示雅量,我不敢把这个念头说出来,可是我仍旧想到它。

当那位"包门"拿出了一只绿色的钱袋时,这个念头打扰得我格外厉害了,钱袋里装着四枚金几尼,其他多半是零钱。不错,这超过了我全部的财产。可是艾伦必须依靠这不到五枚金几尼,到遥远的法兰西去;我呢,手头虽然只有不到两枚金几尼,只要到皇后渡口就够了。所以按比例一算,我跟艾伦在一起,不但会有生命的危险,对我的钱囊也是一个负担。

不料我的这位老实的同伴,他根本没有这一类想法。他相信他是在替我出力,在帮助我,保护我。我除了闭紧嘴巴,暗中着急,硬着头皮碰碰运气外,还能干些什么呢?

"就是少了点儿,"艾伦说,把钱囊放进口袋。"不过够我办事的了。

约翰·布雷克,现在请你把扣子还给我,这位先生和我就要动身了。"

这位"包门"摸了摸毛茸茸的钱袋,那是按照高地方式悬挂在肚子上的(除了这一项,他浑身是低地的打扮,还穿一条航海用的裤子),他奇怪地转动着眼珠,过了一会儿,才说,"她自己失掉它了。"意思是说:他认为已经把它遗失了。

"什么!"艾伦大叫一声,"你会把我的扣子丢失?那是我爸爸留给我的啊。喂,约翰·布雷克,我要把我心里想的话告诉你:我认为这是你出了娘胎以来所做的一件糟得不能再糟的事情。"

艾伦一面说,一面把两只手按在膝头上,嘴角堆起微笑,对那位"包门"瞧了又瞧,他的眼睛里跳跃着那种皓光,可说这是敌人的灾难。

也许这位"包门"还相当老实,也许他只是想欺骗一下,不过,在这么荒凉的地方,他是单身,我们是两个人,他觉得还是老实些比较安全,马上,他装模作样地找出了扣子,把它还给艾伦。

"很好,这才是为了麦科尔族的荣誉。"艾伦道,接着,他对我说:"好了,我的扣子回来了,我感谢你把它借给了我,这是一枚充分代表你对我的友谊的物品。"然后他向那位"包门"极其热烈地道别。他说:"为了你拼着掉脑袋的危险,替我干了这么一件好事,我将永远记得你是一个好人。"

临了,那位"包门"离开我们,独个儿向一条路走去。艾伦和我(收拾好我们的财物),急匆匆地走上了另一条路,继续我们的亡命生活。

第二十二章 逃亡在灌木丛中：荒原

我们顽强地连续走了11个多小时,才走到一座山岭的末端,这时,已经是清晨。在我们前面,躺着一块低低的凹凸不平的荒地,这是我们必经之路。太阳升起还不久,阳光笔直地射到我们的眼里,一小片薄薄的迷雾像烟似的从那荒原的地面上升起,这样(像艾伦所说的),那儿也许藏着20个中队的龙骑兵,而我们还蒙在鼓里呢。

我们在山坡的一个洼地里坐下来,等待迷雾消失。我们调制了一碟子冷水冲麦片,开了一次作战会议。

"大卫,"艾伦说,"事情有点棘手了。你看我们还是躺在这儿等到天黑,还是冒冒险,向前冲过去的好?"

"哎,不瞒你说,我真的累了,要是没有多少路,我还能跑一下。"我说。

"是吗? 可惜还不是,还没走到一半路呢,"艾伦说,"现在我们这样的处境:到亚品去,对我们明明是死路一条。南面,那全是些坎贝尔,想也不用想它。北面吧,向北走,那是什么目的也达不到,你是想到皇后渡口去，我呢，要到法国去，都不对头。那么，好吧，我们只能向东面冲过去了。"

"就是东面吧！"我兴冲冲地说，不过我私下想："噢，天啊，要是你选择一个方向，让我选择另一个方向，那对我们两人都会是上上大吉。"

"那么，就是东面吧，你瞧，东面是一片荒原，"艾伦说，"大卫，只要一走进那儿，就是一场碰运气的赌博。在那种光秃秃不生树木的平地上，一个人能躲到哪儿去？'红外套'们只要跑到小山上，就可以在好几英里以外侦察到你，糟糕的是，他们靠着马蹄子跑路，他们会很快的把你冲倒的。大卫，这不是个好地方。我直率地说，这在白天比起黑夜还要糟。"

"艾伦，你听我说，"我说，"亚品对我们是死路一条；我们没有太多的钱，也没有粮食。他们搜索的时间越久，他们越发会猜出我们是在什么地方，同样是冒险，我建议朝前走去，直到我们倒下来才停止。"

艾伦喜得眉开眼笑了，他说："有时候你太精明，有费格派的味道，跟我这样的人在一起不很对劲；不过，有时候你也表现得很有气概，这时候，大卫，我真把你当作一个兄弟那样爱你呢。"

迷雾升起来了，消失了，把这一带袒露在我们的眼底，它像大海一样荒寂，只有松鸡和京燕在上面鸣叫，在遥远的东边，黑点子似的鹿群悄悄地移动着，这儿多半是灌木丛生的荒地，东一块泥炭地，西一个沼泽，还有很多污泥的池塘，有的灌木丛遭到一场火灾，烧成了一片焦黑，有的地方，整个树林尽是死掉的枞树，像骷髅似的耸立着。这是人们从未见过的叫人生厌的荒地。不过,至少没有军队的骚扰,而这就是我们的目标。

我们走下山坡,进入了荒原,开始踏上了向它的东面边缘前进的疲累而迂回的旅途,要知道,这儿四周都是些山头,任何时候,只要从山头上望下来,就可以把我们侦察出来。我们只好尽拣些低凹的地方走,当这些凹地跟我们走的方向不一样的时候,我们就万分小心地在莽原的光秃秃的地面上移动。有时必须连续半个小时地在一个个树丛之间爬行,好似猎人们紧紧地追踪鹿群一样。那一天,旭日当空,万里无云,白兰地酒瓶里的清水很快就光了。老实说,若是我早已预料到这种困难的走法——一半时间肚子必须贴着地面爬行,剩下来的大部分时间又必须弯腰曲背,把头几乎低到膝盖来行走,那我一定不会走这一段要命的路程,它会把我吓得退回去了。

我们走一会儿,休息一会儿,又艰苦地前进,这样度过了一个上午。快到中午,我们爬进一座浓密的灌木丛,躺下来睡觉。先由艾伦担任守望,我似乎眼睛还没有闭上,就给摇醒了,已轮到我担任警戒了。艾伦在地上插了一根树枝,代替时钟,等到树枝的影子移到东面某处时,我就可以把他唤醒。可是这一次我实在太累,我可以一口气睡上 12 个钟点;我一心一意只想尝尝睡眠的滋味,甚至当我的头脑醒着的时候,我的骨骼的关节也处在睡眠状态中。灌木的强烈的气味,野蜜蜂的嗡嗡声,好像是催眠的奶酒。每隔一会儿,我总会惊跳起来,发现我已经打过瞌睡。

最后一次醒来时,我似乎是从更遥远的地方回来的,觉得太阳已经在天上走了一大步。我对树枝望望,这一下,我简直可以失声大叫;因为我发觉自己已经辜负了艾伦的托付。我头脑纷乱,充满着恐惧和耻辱。当我向周围的荒原瞭望一下后,我的心顿时冷了半截。果然,我睡着的时候,一队骑兵已经从山上下来,从东南方面逐渐迫近我们,他们散成扇形,骑着马,在那茂密的灌木丛周围跑来跑去。

我把艾伦唤醒,他先对士兵们瞥上一眼,再望望那记号和太阳的位置,突然眉头一皱,急速地望我一眼,露出又难看又焦急的神情,这就是他对我的全部的责备。

"现在我们怎么办呢?"我问。

"我们得装扮野兔这种角色了,"他说,"你看见那座山吗?"他指点着东北面天边的一座山。

"看见的。"我说。

"好吧,那么让我们向那儿冲去,"他说,"它的名字是本·亚尔德,是一座尽是些山冈和豁谷的漠无人烟的荒山,若是我们能够在明天早晨以前赶到那儿,我们也许可以脱险。"

"艾伦,这样我们必须在士兵们的前面穿过!"我叫道。

"这我知道,"他说,"不过,若是我们给赶回到亚品去,那我们休想活命。所以,大卫,打起精神来!"

接着,他开始以一种难以相信的速度,用手和膝盖向前奔去,仿佛他天生是这么走路似的。这一段时间,他弯来拐去地尽在容易把我们隐蔽起来的荒原上的低凹地里进出。有些地方已经遭到过火灾,有的受到过火烧的损害。我们的脸贴近地面,那种赛似浓烟的尘土直冲到我们的脸上,使人睁不开眼,使人窒息。水是早已光了,而这种用手和膝盖奔跑的姿势带来了压倒一切的虚弱和疲劳,关节酸痛,手腕在你的体重下软弱无力。

有时,我们爬进了一座很大的灌木丛,躺下歇一会儿,气又喘,心又跳,偷偷地把树叶拨开,瞧着那些龙骑兵。他们还没有侦察出我们,仍旧笔直地向前走着。我想,那是半连骑兵,占了约莫二英里路长的距离,一路上,把地面踏得直响。我醒得恰好是时候,若是再晚一点儿,我们只好在他们的面前跑过,而没法在旁边逃遁了。即使在现在这样的情形下,如果稍微有点儿不幸的事发生,就可能把生命断送掉的。有时,一只松鸡拍拍翅膀从灌木丛里飞起来,我们马上死人似的一动不动地躺着,几乎不敢呼吸。

我的身体疼痛软弱,我的心剧烈地跳着,我的手又酸,我的喉咙和眼睛给那无间断的尘土刺激得发痛。这一切,很快使我变得没法忍受,而宁愿束手就擒。只是害怕艾伦,才勉强装出继续前进的样子。至于他自己呢(你记得他还穿着那件碍手碍脚的宽大的外衣),脸色变得通红,时间一点点过去,那种红色开始跟一小块一小块苍白色混合在一起了,他呼吸的时候,发出啼哭似的和吹哨似的声响,等到我们休息,他把他观察到的悄悄地在我的耳朵边告诉我时,那简直不像是人的声音。然而他的精神似乎始终没有消沉,他的活动力一点也没有减弱。我不由得惊叹这位人物的忍耐力。

临了,夜晚洒下第一片暮色时,我们听到了击鼓的声音,从灌木丛里向后面望去,看见军队已开始集合。没一会儿,他们已在荒野中生起篝火,准备露营过夜了。

见到这样,我请求着,恳求着,让我们也躺下来睡一觉。

"今夜我们不能够睡觉!"艾伦说,"从现在起,那些讨厌的龙骑兵将守住这荒原中的高地,除了有翅的飞禽,谁也休想飞得出亚品。我们已经在紧要关头跑了出来,难道要把已经取得的成绩断送掉吗?不,不,等到明儿天光发亮,就会发现我们已经站在可靠的本·亚尔德山上了。"

"艾伦,"我说,"我不是缺乏意志,缺乏的是力量,要是我能够走,我当然愿意走。不瞒你说,我实在是走不动了。"

"好吧,那么我背着你走。"艾伦说。

我睁大眼睛,看他是不是在说笑话,然而不,这小家伙显得非常严肃,看到他这么大的决心,把我臊得无地自容了。

"你前面走吧!"我说,"我会跟着你的。"

他看了我一眼,仿佛是说:"大卫,干得好!"然后又拿出他最快的速度,向前走去。

夜来临了,天气渐寒,甚至也有点儿阴暗(虽然还没有漆黑)。天际万里无云。这时还是7月初,而且是在这遥远的北方。夜间最黑暗的时刻,需要很敏锐的眼睛,才能看得出什么,不过我也时常见到冬天的中午比这种夜晚还要黑暗。雨点般的浓浓的露水湿透了荒原,我的精神也振作了一会儿。当我停止爬行,透一口气的时候,我才偷空向周围观看,夜色很美丽,山冈仿佛在昏昏沉睡,篝火像荒原中央的一点光明,在我们的背后逐渐地微弱了,想到我还得在痛苦中拖着身体,蠕虫似的吃着尘土,就马上升起了一股怒火。

我想起书本上读到的东西,我觉得拿笔杆的人很少有过真正疲劳困乏的体会,不然,他们会写得格外逼真。我没有关心到自己的生命,也没操心到过去或未来,简直忘了世界上还有大卫·巴尔福这样一个小伙子。我没有想到自己,我知道,每一步路都可能是我最后的一步。我感到绝望,我痛恨艾伦,因为他是使我绝望的根缘。艾伦是一位内行的军人,一个能干的军官,他可以牵着人们的鼻子,要他们继续干着一些自己也不知道为什么要干的事情,若是人家让他们自行选择,他们就会在原地方躺下来,被人杀死。我敢说,我够得上一个顶出色的小兵,因为,在那最后的几个钟头里,我的脑中从未想到过有什么选择权,只要我还剩下一口气,就只能服从,直到死了为止。

晨曦开始出现了,仿佛过了很多年似的。这时候,我们已经通过了最大的危险,可以像人一样用两只脚走路了,而不必学野兽般地爬行。唉,老天爷,可怜可怜吧!我们变成怎样的一对了啊!老公公似的弯腰缓步,娃娃似的东歪西倒,死人似的脸色惨白。我们没有讲过话,都闭紧嘴巴,眼睛紧盯着前面,举起一只脚,又放落下去,好像人们在乡下庙会上举重那样。松鸡不停地在灌木丛里"啾啾"地叫着,东方慢慢地越来越清楚地露出了曙光。

我敢说,艾伦像我一个模样了。我忙于照顾自己的脚步,一直没有瞧他,不过很显然,他一定已经跟我一样疲倦,因此傻得没有注意到是往哪儿走的。若不,我们也不会瞎子似的遭到人家的埋伏。

事情是这么发生的。我们正走下一个灌木的斜坡时,艾伦领头,我在离他一两步路的后面跟着,好像一个卖艺的提琴手和他的妻子似的。冷不防,灌木丛里发出一阵沙沙声,接着跳出了三四个衣衫破烂的大汉,再一下,我们两人已仰面朝天,每个人的咽喉上搁着一把匕首。

我把一切都置之度外了,我已经尝够了各式各样的痛苦,对于这一种粗暴的待遇,我已经毫不在乎了。现在,我可以不用走路,真是太高兴了,连那把匕首都不放在心上了。我仰望着那个抓住我的人的脸,他的脸晒得漆黑,目光炯炯,不过我并不怕他。我听到艾伦同另一个人用盖尔话轻声地谈着,他们不论谈些什么,对我都是毫无意义。

接着,匕首拿开了,我们的武器也给拿走了,我们面对面坐在灌木丛里。半晌,艾伦说:

"他们是克仑努的手下人,我们落到他们的手里,不能再好了。现在我们先暂时跟这些人待在这儿,等他们——他们是他的外面的岗哨——报告了他们的首领,通报我的到达。"

克仑努·麦克华逊是华律契部族的首领,也是6年前大规模反抗运动的首领之一,有一笔赏金悬在他的脑袋上呢;我还以为他跟那一帮人中的别的奋不顾身的头儿们一样,老早到法国去了。我听到这件出乎意料的事,把我那疲倦的感觉也赶走了一半。

"什么!"我叫道,"难道克仑努还在这儿吗?"

"他的确是在这里!"艾伦回答,"他还是在他自己的故乡,跟他的乡亲们在一起。乔治国王拿他没有办法。"

我本想再问下去,艾伦却回避了我的话头,说:"我累啦,想好好地睡一觉。"他不再多说，打个滚，把头埋在茂密的灌木丛里，似乎顿时进入了梦乡。

我却享受不到这样的幸福。你听到过夏天草地上蚱蜢的唧唧声吗？好吧，我一闭上眼睛，浑身上下，尤其是头上、肚子上、手腕上，似乎爬满了唧唧地叫着的蚱蜢，我只好马上睁开眼睛，翻来滚去，坐起来，又躺下。望着那眼花缭乱的碧空，或是把目光转向克仑努的粗野而肮脏的哨兵们，他们悄悄地向山冈的顶上窥望，一面用盖尔话卖弄他们的舌头。

整个这段时间，就这样消磨掉了，一直等到那通风报信的人回来。他一到，我们知道，克仑努似乎会很高兴接待我们，于是，我们必须马上出发，向前走去。艾伦睡了一觉，精神已恢复了大半，生气勃勃，只是他的肚子在叽哩咕噜地抱怨，大概那位使者已经给他透露了信息，他已经愉快地盼望一杯美酒，和一碟子热气腾腾的肉片了。我呢，一听到吃就要作呕。我原先已感到浑身沉重，现在却有一种可怕的轻飘的感觉，迈不开步子。我像一根游丝似的飘游着，在我看来，土地像浮云，山冈赛似羽毛，空气像一条汹涌的小溪，那一股急流把我推来推去。随着这一切感觉，一种绝望的恐惧钻进了我的头脑，对我自己的无能为力，只好暗自悲叹。

我瞧见艾伦对我皱起了眉头，也许是发怒了。我感到一阵阵头昏眼花，感到害怕、苦痛，像一个孩子可能有的心情。我还记得，当时我微笑着，我想在这种时候，那是不相宜的，所以尽力要停止微笑，但是那简直办不到。其实，我的好伙伴的心里只有仁慈。接着，有两位随从扶住我的胳臂,开始以飞快的速度扶我向前走去(也许我是这么感觉,虽然我敢说,事实上相当的慢),我们穿过了荒凉的峡谷和洼地,沿着一条曲折的小径,进入那凄凉的本·亚尔德山的心脏。

第二十三章　克仑努的笼子

我们走到了一座山脚下,那崎岖的山腰上,蔓延着一片葱郁的森林,一堵光秃秃的悬崖,耸立在山头。

"就在那儿。"一位向导说,于是我们向山顶爬去。

树木紧紧地缠住了山坡,好似水手们紧紧地抱住船只的护桅索,树干像梯子的踏级,我们踏着树干向上爬去。

快到山顶,一簇簇的树叶上突出了一块悬岩,在这崔嵬的岩石前,我们发现一幢奇怪的屋子——这一带知名的"克仑努的笼子"。几棵树木的树干,交叉盘绕,形成一道围篱,树和树中间,还用树桩加固,围篱后的地面,用泥土填平,当作地板,山坡上长出来的一棵树木,成了屋顶的活的栋梁。墙壁呢,是一些枝条,外面长着青苔。整个屋子有点像鸡蛋的形状,半隐半现地埋藏在山坡上的茂密的丛林里,好像是青翠碧绿的山楂树里的一个黄蜂窝。

屋内足够隐藏五六人,还相当舒适。悬岩突出的一端,巧妙地当作壁炉;烟袅袅上升,熏着岩石的表面,烟的颜色和岩石表面的颜色没有什么不同,不容易被下面发现。

这不过是克仑努的许多藏匿处之一罢了。在他的家乡,好多地方都有他的洞穴,都有他的地下室。他根据侦察员的报告,根据官兵们的迫近或离去,从一个地方转移到另一个地方。这些年来,尽管很多人逃亡、被捕或是被杀,他却靠了他的部族的爱戴,一直安全地过着这样的生活。不但这样,他又待了四五年之久,最后,只是由于他领袖的明确的命令,才到法国去。去后没多久,他就死在那儿。想想也奇怪,说不定他对本·亚尔德山上的"笼子"曾经依依不舍呢。

当我们来到门口的时候,他正坐在石烟囱的旁边,瞧着一个随从煮东西。他服装朴素,戴一顶手织的睡帽,遮住了两只耳朵,衔着一个又短又脏的陶制烟斗。尽管这样,他的举动却像一个国王,他起身欢迎我们的那种姿态,的确值得一看。

"斯图亚特先生,请进来吧!"他说,"把你那位我不知道姓名的朋友也带进来吧。"

"你好吗,克仑努?"艾伦说,"我希望你还是那么勇敢,先生。见到你,我觉得骄傲,让我把我的朋友——肖府的地主大卫·巴尔福先生介绍给你。"

每逢艾伦和我两人在一起时,提到我的田庄,他总带着一种嘲笑的语气,不过,在陌生人面前,一提起这些个字眼,他用的是司仪一样的声调。

"请进来吧,先生们,你们两位都请进来!"克仑努说,"我欢迎你们到我的屋子里来,这儿的确很古怪,简陋,不过我也曾经在这种地方招待过一位皇室人物。斯图亚特先生,你一定知道我说的是谁。来,先来喝一杯,祝福你们,等我的这个笨家伙煮好肉片,就开始用饭,然后像绅士样的玩一下纸牌。我的生活是有点枯燥的,"他倒出白兰地,继续说,"我只和很少几个人相见,只是坐着,捻着自己的两个大拇指,回忆那消逝了的伟大的日子,盼望另一个伟大的日子,我们都希望这个日子将要到来。来,让我敬你们一杯:复辟万岁!"

我们碰碰酒杯,一饮而尽。老实说,我没有诅咒国王乔治倒霉的愿望,不过若是他亲自在场的话,可能也会像我那样做的。我把酒喝掉,感到舒畅多了,可以在旁边看看,听听,也许还有点迷迷糊糊,心头已不再被那凭空而起的恐惧和苦恼所骚扰了。

这是个奇怪的地方,我们的主人也是位奇怪的人物。多年躲躲藏藏的生活,养成了各种古板的习惯,好似一个待字闺中的老处女。他有一个特设的座位,谁也不准乱坐;"笼子"布置成特别的格式,谁也不准弄乱;烹饪是他的主要嗜好之一,哪怕是招呼我们进门的时候,他的一只眼睛还表示出对那锅肉片恋恋不舍。

有时,在夜幕的遮盖下,他出去探望他的妻子和一两个最亲密的朋友,有时也接待他们的来访。他的生活相当孤独,大部分时间,他所接触到的,只有一些哨兵和"笼子"里服侍他的几位随从。早晨,他睁开眼睛,一位当理发师的随从跑来替他刮脸,把这一带发生的消息告诉他,他从来没有听厌似的。问话也没有个完,他问话的时候,心急得像一个孩子。有时,听到某些回答,他会笑得不可收拾,甚至在理发师出去了很久以后,只要一想到它,又会迸发出一阵大笑来的。

当然啰,他的问话可能是有作用的,他虽然这样与世隔绝,虽然跟苏格兰其他有田地的绅士一样,被最近国会所通过的法令剥夺了合法的权利,但他在他自己的一族中,照旧行使族长式的审判。如有争端,就带到他的隐藏的洞穴里,由他判断。他的乡亲们根本不把高等民事法庭放在眼里,可是,只要这位被剥夺一切、被追捕的亡命徒说一句话,他们就会停止报复,把款子付掉。要是惹起他的怒火——这是时常发生的——他会发号施令,嚷着要处罚这,处罚那,跟任何帝王差不多。而那些随从呢,也像是严父跟前的一帮孩子,嗦嗦发抖,弯着腰跑开了。他进去的时候,仪态严肃地跟每一个人握手,同时按照军队的仪式,碰碰自己的帽子。一句话,我眼福不浅,让我看到了一个苏格兰部族的一些内部情况,而且还跟一个被剥夺了人权的亡命的首领在一起呢;他的家乡已被征服,军队到处搜索他,有时迫近到他停留的处所不到一英里的地方;这些被他斥责过、吓唬过的衣衫破烂的家伙们,只要有一个人会出卖他,就可以发一笔大财的。

在这第一天,克仑努等到肉片煮好后,亲手挤了点柠檬汁在上面(这类奢侈品,他有充分的供应),然后邀请我们吃饭。

"我从前在这屋子里请殿下吃的就是这玩意儿,"他指这种肉片,"只是缺少一点柠檬汁罢了。那时候,只要有肉吃,就已经心满意足了,谁还来为调味品伤脑筋呢? 真的,四六年那年,我们家乡的龙骑兵比柠檬还要多。"

我不知道这些肉片是不是真的很鲜美,我一眼看见它们,不知怎的,心头就一阵厌恶,只能勉强吃下一点儿。这一段时间里,克仑努一直用查利王子在这"笼子"里待过的故事款待我们,他惟妙惟肖地描述每一个人的谈话,他从座位上站起来,把当时他们站立的地方指给我们看。根据这一番话,我推测这位王子是一个勇敢谦逊的孩子,像一个素有教养的帝王家的孩子一样,不过不像所罗门①那么聪明。我还推测他在这"笼子"里的时候,经常酩酊大醉;从各方面看来,从那时起,就已经显露出他的缺点,造成了他这样一个被毁灭了的人物。

我们刚吃完东西,克仑努马上拿出一副又旧又脏的油腻腻的纸牌,你在小客栈里就可以见到这一种纸牌,他满脸含笑,眼睛发亮,建议我们玩一会儿。

我自小把这种玩意儿当作一件丢脸的事。我的父亲认为,靠了这种彩画的纸牌去谋生,去诱骗别人的钱,不是基督徒的行为,也不是绅士应该干的。其实,我只消推说累了就够啦,偏偏我自以为应该提出证据来。当时我脸上一定涨得通红,不过说话倒很沉着,我对他说,我没有必要去判断别人,至于我自己,我对这一件事却是一窍不通。

克仑努马上停止洗牌,他直着嗓子嚷道:"他妈的,这算什么?在我克仑努·麦克华逊的屋子里,这算什么样费格派的假话?"

艾伦接着道:"我愿意替巴尔福先生赴汤蹈火。他是一个正直勇敢的绅士,我请你记住,这句话是谁说的。我也是帝王家出身,"他说,把帽子歪戴着,"我,还有任何一位被我称为朋友的人物,都是最够交情的伙伴。这位绅士大概是累了,他应该去睡了;若是他不想玩牌,对

---

① 所罗门,古代以色列之王,以聪明著称。

于你和我,也没有什么妨碍。先生,你想玩哪一种游戏,请你说好了,我都愿意奉陪,我想我还可以来一手。"

"先生,"克仑努说,"我希望你知道,在我这个破屋子里,随便哪一位绅士都可以做他高兴做的事。若是你的朋友喜欢竖蜻蜓,脚朝天,头朝地,那我也欢迎。若是有人觉得不够味儿——不论是他,是你,或是哪一位,我愿意高高兴兴地和他到外面去较量一下。"

我不愿意这两位朋友为了我割破对方的喉咙,插嘴说:

"先生,我是累极了,真像艾伦所说的。还有,我想你自己也有儿子,我也许可以告诉你,这是我答应过我爸爸的。"

"别说啦,别说啦。"克仑努道,并给我指一指"笼子"角落里的一张用灌木铺成的床,他斜着眼睛看我,嘴里唠叨地发牢骚。我想,那一定是我刚才声明的顾虑和说话,不合乎这些粗野的高地约各党人的脾胃,多多少少冒犯了这位契约派。①

肚子里装了白兰地和兽肉以后,一种奇怪的沉甸甸的感觉压倒了我,我还没有到床上躺下,就已精神恍惚,我们待在"笼子"里的那段时间,我几乎一直是这样。有时清醒,知道经过了些什么事;有时只听到一点声音或人的打鼾声,它们却像是一条涓涓细流的声浪。挂在墙上的格子花呢衣服,却像是屋顶上火光的影子,一会儿缩小,一会儿又膨胀。有时,我一定也说过什么来着,也许还高声大叫,因为我记得,不时有人答应我,使我很惊诧,我意识到并没有做特别的噩梦,只是一

---

① 指拥护1638年的国民契约和1643年的严肃同盟的人物。此派人士均拥护复辟。

种一般的、漆黑的、经久不变的害怕的感觉——害怕我待的地方,害怕我躺的床,害怕墙上的花格子衣服,害怕那些声音、火和我自己。

那位当理发师的随从——他也是一位大夫——给叫了进来,替我诊断开处方。他用盖尔话说话,我连一个字也没有听懂,不知道他的意见怎样,而且身体太虚弱,也懒得请人翻译。我清楚地知道自己病了,我所关心的就是这些。

我这么可怜地躺着,很少注意到什么。不过艾伦和克仑努大部分时间都在玩牌,我很清楚,开始时,艾伦一定是赢家,因为我记得我曾经坐起来,看见他们玩得正起劲,桌子上堆着一大堆闪闪发光的金钱,足足有60枚或是100枚金几尼。看到一个在悬崖边上的、用生长的树木编成围篱的"窝"中竟有这么多财富,真叫人惊诧不止。还有,想到艾伦的全部赌本只有一只绿色钱袋和约莫五个金镑,我觉得他似乎是在深水里骑马了。

似乎是在第二天,运气转了。快到中午时,他们照常唤醒我吃中饭,我跟往常一样地拒绝吃,他们给我喝一杯由理发师配制的很苦的药水。阳光从"笼子"的敞开的门中照进来,使我头晕,有点受不了。克仑努坐在桌子旁,弄着纸牌。艾伦呢,他到我床边弯下身体,脸迫近我的眼睛,我因为浑身发烧,两眼干涩,望上去他那张脸简直大得吓人。

他开口向我借钱。

"干什么用?"我问他。

"没什么,就是借一下!"他说。

"为什么呢?"我重复追问,"我看不出来。"

"嗐,大卫,"艾伦叫道,"你不会舍不得借钱给我吧?"

若是我神志清醒,我准会留下那笔钱。可是,当时我只想摆脱他那张面孔,拿出钱,交给了他。

第三天,我们在"笼子"里已经待上48小时了,那天早晨,一觉醒来,精神上感到十分轻松,虽然还很虚弱和疲劳,眼睛里所看到的,已经是事物的本来面目和原有的大小。而且我已经产生了吃东西的欲念。我自己爬下床,吃完早饭,走出"笼子",坐在树林高处的露天底下。天际一片灰白,空气又凉爽,又舒适。整个早晨,我坐在那儿,沉醉在这梦也似的境地里,只有克仑努的侦察员和随从,给他带来食品和报告,经过那儿时才稍稍打扰我,那时这一带没有敌人,你几乎可以说他是公开设庭理事的。

我回去时,他和艾伦已经把纸牌搁在一边,正向一个随从询问。这位首领转身对我说了几句盖尔话。

"先生,我不懂盖尔话。"我说。

自从那次纸牌事件发生后,不论我说什么,干什么,都会叫克仑努生气。他气呼呼地说:"你这家伙真是不通情理,简直辱没了你那个了不起的盖尔式的姓氏。老实对你说,我的侦察员向我报告,南方已经没有阻碍,现在的问题是,你有没有气力走路?"

我把眼锋向桌子上一扫,纸牌还在,就是没有钱,只有一叠写着字的小纸条,统统堆在克仑努的一面。艾伦呢,一脸尴尬相,仿佛不十分甘心,我开始强烈地感到疑惑不安了。

我瞧着艾伦,说道:"我不知道我的身体是不是已经恢复到应该恢复的程度,可是那一小点钱还得把我们带上一长段路程呢。"

艾伦咬咬下嘴唇,低下头,瞧着地面。末了,他才说:

"大卫,我把它输掉了,这是千真万确的事。"

"我的钱也输掉了吗?"我问他。

"你的钱也输掉了,"他长叹一声,"你不该把它借给我。我一摸到纸牌,就什么都不顾了。"

"嘿,嘿,嘿,"克仑努说,"这全是些傻事,全是废话。当然啰,若是你跟我那么随便,你还可以把钱拿回去,再多一倍也行。若是我把钱留下来,那才怪呢。谁也不应当以为我对于处在你们这种情况下的绅士们会加以任何阻碍的,若不然,那才是一件怪事!"他扯着喉咙,满脸通红,从口袋里摸出一把金币。

艾伦不说一句话,只是望着地面。

"先生,你愿意跟我一块儿到门外去一次吗?"我说。

克仑努说他非常愿意,爽快地跟着我走,不过他的神色显得激动而生气。

"先生,"我说,"首先让我感谢你的慷慨。"

"废话!废话!"他直着嗓子说,"这哪儿是慷慨?这只是一件最不幸的事,像我这种关在这蜂房似的'笼子'里的人,若是能够找到朋友,除了要他们一块儿玩玩纸牌外,那你要我做些什么呢?如果他们输了,当然,不应如此假定的。"说到这儿,他闭紧嘴不说下去。

"是的,"我接嘴说,"若是他们输了,你就把他们的钱还给他们,若是他们赢了,他们就把它放进钱袋,带走了!我早已说过,我很感谢你的慷慨。对于我呢,先生,若我处在这种情况下,那真是莫大的痛苦。"

沉默了半晌,克仑努似乎老是要开口,却一直没说什么。他的脸色越来越红了。

"我是个年轻人,"我说,"请求你的教导。像你对你儿子那样教导我。我的朋友把这些钱统统输掉了,他是在赢了你很多很多的钱以后输掉的,我能够把它收回吗?我这么干是不是对呢?不管我怎么干,你自己也可以看出,这对于有一点自尊心的人,一定是难受的。"

"这对于我也是相当难受的,巴尔福先生,"克仑努说,"你把我说得非常像一个做了圈套,叫那些可怜虫上当的骗子,我的朋友们随便到我的任何一间屋子,我都不愿意他们受到侮辱,不,"他怒火勃发,嚷道,"我也不会侮辱他们的!"

"所以你可以看出,先生,"我说,"我说得还有点道理呢。这种赌博究竟不是件好事,不是绅士们干的。话虽这么说,我仍旧等待你的意见。"

我肯定,若是世界上还有人被克仑努所痛恨的话,那个人就是大卫·巴尔福。他用一副好战的眼光,把我浑身上下打量了一下,我看见,他的嘴唇已露出挑战的神气。也许因为我年轻力壮,他才不敢动手,或许由于他自己的公正的感觉。这件事不单是克仑努,就是一切有关系的人确实都感到痛心,他最后那样处理这件事,使他得到了更多的荣誉。

"巴尔福先生,"他说,"我认为你是太漂亮,太富于契约派的味儿了,不过,这一切显示你具备一个非常出色的绅士的精神。凭我的荣誉保证,你可以把这笔钱拿去——我也会把这件事告诉我的儿子——还有,让我们紧紧地握手吧。"

第二十四章　逃亡在灌木丛中：争吵

艾伦和我离开了"笼子",由一位随从领路,在夜色的掩护下渡过了爱洛特湖,再从它的东面湖岸走到蓝诺琪湖的顶头,到达附近的一个躲藏地。这位随从一路上带了我们全部行李和艾伦的那件宽大的外衣,他在这些重负下飞快地走着。我通常带不了他所带的一半,就会给压倒在地上了,可是他却像一匹生了翅膀的惯于翻山越岭的强壮的小马,他这样的人物,要跟他比赛,那非把我的膝盖摔断不可。

不消说,空身走路使我浑身轻松,接着产生了自由和愉快的感觉,若不,也许我根本没法走路。我还刚离病床,周围的情况又没法鼓舞我,我们走的地方又大多是苏格兰的凄凉的荒野,云雾满天,同路人又不齐心。

我们很久没有说话,有时并排走,有时一前一后,沉着脸。我呢,既愤怒,又骄傲,从这两种强烈而罪恶的情绪中吸取一切力量。艾伦呢,愤怒而惭愧,惭愧的是,他输掉了我的钱,愤怒的是,我把这件事看得太邪恶了。

我的心中越来越强烈地滋长着各走各的路的想法,我越想这么办,便越感觉自己的可耻。的确,若是艾伦转身对我说:"去吧,我的情况危险极了,你跟我在一起只会增加你的危险。"这将是一个出色、漂亮、宽宏大量的举动。可是要我对这位确实爱着我的朋友说:"你的情况危险到极点,我没有多大危险,你的友谊是一个负担,去吧,你独个儿去担风险,忍受你的艰难吧!"——不,那是不可能的,甚至私下想想也会使我的面颊发烧。

然而艾伦的行为好像一个孩子,(更糟的是)像一个不可靠的孩子。当我神志不清,躺在床上的时候,他用甜言蜜语骗走了我的钱,这比偷窃好不了多少。现在他却拖着沉重的脚步,走在我的旁边。现在他已经一文不名。然而,我可以看出,他准备高高兴兴、死乞白赖地依靠我的钱过活,而那笔钱是他逼得我去恳求得来的。的确,我准备和他共同享用,可是,看到他已经指望着我,不由我不愤怒。

这时,有两件事首先浮现在我的心头;若是我开口说出来,没有一件不显得我十足胸襟狭窄。所以,我退而求其次,闭紧嘴,不说话。对我的同伴连正眼也不看一下,除非从眼角上瞟他。

末了,当我们走上爱洛特湖的另外一面,走过一块长着灯心草的平地,可以轻松地走路时,他再也忍不住了,凑近我的身边,说:

"大卫,朋友之间不能为了一件小事闹成这样啊。我得说,我很抱歉,我这么认为的。你假使还有什么话说,请你最好说出来。"

"不,没有什么。"我说。

他似乎很窘,我却卑鄙地暗中高兴。

"不,"他的声音有点儿抖,"我不是说过,该怪我不好吗?"

"什么,当然怪你不好,"我冷冷地说,"你得承认,我从来没有责备过你。"

"的确没有,"他回答,"你自己心里明白,你这么做,比起责备我还要难受。我们是不是要分手了?你已经说过一次。现在是不是还要说一次?大卫,从这儿到两个大海之间,多的是灌木和山岭,老实说,若是不需要我,我并不是非死赖着待下来不可的。"

这句话像一把利剑刺透了我的心,似乎把我私下的不忠不义揭露了出来。

"艾伦·布雷克!"我高声嚷道,"难道你认为我在你最需要的时候,会丢掉你不管,难道我是这种人?你怎么敢当我的面这么说。我的一举一动都证明你在撒谎。的确,我在荒原上睡倒了,那只是因为我累了,你就把过失推到我头上——"

"这我从来没有干过。"艾伦说。

"除了这一层,"我继续说,"我到底干了些什么,你竟会做这样的推测,而把我比做一个连狗都不如的小人?我还从来没有出卖过朋友,也不见得会从你开始。我们之间有好多事情,也许你可以把它们丢在脑后,我呢,我是一生一世也忘不了的。"

"我只想跟你说这一句话,大卫,"艾伦很平静地说,"好久以前,我亏得你才留下这条命,现在我又欠了你的钱。你应该设法使我不把这种负担当作累赘才行。"

照理,这番话应该打动我的心,在某种意义上说,它的确是打动了,不过,是从坏的意义上打动了我。我感觉到我的一举一动其实都不合情理。我现在不光是生艾伦的气,也在这件事情上生我自己的气,这样,我更加冷酷了。

"是你要我说出来的,"我说,"好吧,那我就说。你自己承认干了一件对不起我的事,我逼得吞下一个羞辱:我从来没有责备过你,在你自己没有说出那件事情以前,我从来没有说过什么。现在你却责怪到我的头上,"我提高了声音叫道,"只因为我笑不出,唱不出,似乎我是乐意忍受耻辱似的。再这样下去,我得为了它跪下来感谢你呢!艾伦·布雷克,你应该多想想别人才行。若是你多想到别人,你也许会更少说到自己了;若是一个非常喜欢你的朋友,忍受了耻辱,只字不提,你就该高高兴兴让它过去算了,而不该用它当作一根棒来打碎他的背脊。事情是你闯下来的,该责备的是你自己,所以你不该再挑起争端。"

"得啦,别再说啦。"艾伦说。

我们又恢复了以前的沉默,一直走完这天的路程,吃过晚饭,躺下来睡觉,再没有说一句话。

第二天,近黄昏时,那位随从领我们渡过蓝诺琪湖。他建议我们走一条最好的路线。就是:马上爬上山顶,迂回地走到利昂峡谷、洛钦峡谷和杜却特峡谷的顶头,从那儿下去,来到金平附近的低地和福司河的上游。这一条路程,必须经过艾伦的世仇格仑诺钦的坎贝尔族的地区,艾伦很不乐意,他反对这样走法,他建议折向东去,这样,我们几乎可以马上处在艾伦的同族而有着不同首领的阿沙尔的斯图亚特们中间,还可以沿一条更容易、更迅速的道路到达我们的目的地。不过,那位随从,他不愧为克仑努的主要的侦察人员,他有充分的理由坚持他的意见,指出每一区的军队的力量,最后断定(我也尽可能地了解到),只有走这一个坎贝尔的地区,才遭到最少的麻烦。

临了,艾伦被说服了,不过心里还不大愿意。"这是苏格兰最沉闷的地区啊,"他说,"那儿我什么都不熟悉,只知道荒野啊,乌鸦啊,还有那些坎贝尔。不过,我看你倒很有眼光,你说怎么办就怎么办好了!"

根据这条路线,我们出发了。足足有三个晚上,大部分时间都是在荒山上奔波,在急流的源头之间疾行;时常埋藏在迷雾里,风吹雨打,日夜不息,始终没有享受到一丝阳光的温暖。白天,睡在湿透了的灌木丛里;到了晚上,不停地攀登着那些可以跌断脖子的山冈和凸凹不平的巉崖。我们时常迷路,时常在迷雾中失去方向,只好静静地躺着,等待迷雾的消失。生火是想也不用想的事。我们唯一的食物,就是冷水拌麦片,还有一些从"笼子"里带来的冷肉,说到饮料,上天明鉴,我们根本不缺乏水。

这是一个可怕的时刻,阴郁的气候和荒凉的环境把它衬托得格外可怕。我从未暖和过,牙齿老是捉对儿厮打,喉咙也是酸痛难受,跟我在小岛上的遭遇一样,我的腰部曾经刺痛过,现在,它一刻不停地折磨着我。当我睡在潮湿的地上时,上面是倾盆而下的大雨,下面是渗透地铺的泥浆,这种生活,又使我回想到我历险中最难堪的一页——电光闪闪中看到的肖府钟楼,被人背下去的兰塞姆,后甲板室地板上奄奄一息的夏,或是死命地扯着自己胸前衣服的珂林·坎贝尔。这样一类时断时续的瞌睡,会使我在黄昏时惊醒,在我睡觉的水坑上坐起来,用冷水拌麦片填饱肚子。雨水猛打着我的脸,冰冷的细流顺着我的背脊上淌下去。迷雾密布,我们仿佛困在一间阴暗的屋子里,要是风吹雾散,那阴森森的山谷底下咆哮着流水声的深渊,会顿时显露在我们的眼底。

无数河流的声响从四面八方传过来。连绵不绝的雨水,山洪暴发了。每一个峡谷好似水槽似的淌满了水,每一条溪流都汹涌猛涨,溢出了河床。当我们在晚上拖着沉重的脚步走着时,听到下面山谷里忽而像隆隆的响雷,忽而又夹杂一声愤怒的咆哮,令人产生一种沉重的感觉,我可以深深地体会水怪凯尔宾①的故事,据说,它老是在浅滩上恸哭号叫,一直等候倒霉的旅客投入罗网时为止。我可以看出,艾伦是相信这个传说的,至少是半信半疑,当河流狂啸,发出高于寻常的声响时,我看见他按照天主教徒的仪式画着十字,也就不觉得多大惊诧了(尽管这样,当然,我还是大吃一惊的)。

这几段可怕的行程中,我们仿佛是陌生人,甚至难得交谈。事实上,沉重的心境使我难受,这是我最好的借口,何况我出生以来就有不轻易宽恕人的脾气。我是不轻易对人生气的,一旦生了气,却更不容易忘掉,现在,我把这股怨气都出在我的同伴和我自己的身上了。这两天,他不懈地对我表示和善,的确,他很沉默,不过随时准备帮助我(我可以很清楚地看得出的),他始终希望我会消失那种不愉快的感

---

① 苏格兰神话中的水怪,现形如马,能引诱过路的人溺死。

觉。然而我呢,却在这一段时间内保持着原来的态度,培养自己的愤怒,粗鲁地拒绝他的帮助,用眼角扫过他,仿佛他是一座丛林,一块石子。

第二天的晚上,也可说是第三天的黎明时,我们发现是身处在一座开阔的山冈上了,这样,我们没法按照通常的计划,坐下来吃,躺下来睡觉。我们还没有找到一个隐蔽的地方,天气已经相当明朗了,虽然雨点未停,云层也逐渐升高。艾伦望着我的脸,露出关心的神色。

"你最好把包裹给我,让我替你背吧。"他说,在蓝诺琪湖和那位侦察员分手后,到现在,他也许说了九次了。

"谢谢你,我自己会背。"我说话的口气冷得像冰一样。

艾伦的脸顿时发黑。"我再也不会向你提什么了,"他说,"大卫,我可不是个有耐性的人。"

"我从来没有说过你是啊!"我说,跟10岁孩子说的无礼的傻话一个模样。

艾伦没有作声,他的一举一动代他作了回答。从这时候起,我觉得他已相当原谅他在克仑努笼子里的那件事情,又歪戴着帽子,得意扬扬地走着,吹起曲子,带着一种叫人冒火的微笑瞧着我。

第三个晚上,我们经过巴尔奎特地区的西面的边缘。天气明朗而寒冷,空气有着霜一样的感觉,北风把云朵吹走,出现了明亮的星星。当然,溪流涨满了水,仍在群山间激起巨大的声响。这时我发现艾伦已不再想到凯尔宾水怪,反倒兴高采烈起来。我自己呢,气候的转变来得太迟了。我躺在泥沼地里的时间那么久,而(像《圣经》上那样说的)我穿的衣服"嫌弃我了",同时也感觉疲倦到了极点,浑身病痛,不间歇地发抖,严酷的寒风穿透我的躯壳,它的嗖嗖的声浪扰乱我的耳膜。处在这种可怜的情况下,我还得忍受那位同伴带着虐待性的调笑。他喋喋不休,每次总要夹带一两句嘲笑的话,费格派是他给我的最客气的称呼。他会说"喂,这儿的水潭够你大显身手,我的费格佬,我知道你是个跳远健将!"这一类的话,自始至终带着嘲笑的声音和脸色。

我知道这是我自己做出来的事,不是别人干出来的。可是我折磨得连后悔的感觉也失去了,我觉得拖不下去了,再走几步,我一定会躺下来,像山羊或狐狸似的死在这些潮湿的山上,尸体也会像死掉的野兽变成了白骨。也许,我有点头晕,我倒喜欢这种预兆,我开始把这样的死——孤零零地死在荒野里,只有野鹰凭吊我最后的一刻——想象成光荣的牺牲。我想,那时候,艾伦会后悔的,等我死掉后,他会回想到他欠了我多大的恩惠,这种回想会使他痛苦。所以在我最好应该跪下来请求上帝发发慈悲的时候,却像一个病态的、狠心肠的傻学生,培养着自己的愤怒,用来反对一个同伴。艾伦的每一个嘲弄,我都窃窃自喜,心里想,"哼!我已经准备好一个更厉害的嘲弄了,等我躺下来死了的时候,你会感到,这好像是挨在你脸上的巴掌。唉,多妙的报复!唉,你将会后悔你的忘恩负义和残酷!"

这段时间,我的身体越来越不行了。有一次,我摔了一跤,两条腿沉重得要命,艾伦吃了一惊,我马上敏捷地站起来,装出一种自然的姿势重新向前走去,于是他很快忘掉了这桩意外的事件。热流透过我的身体,接着是一阵阵的哆嗦。我腰部的刺痛简直没法忍受。临了,我感到一步路也走不动了,我想马上跟艾伦一刀两断,让我的怒火勃发,更突然地跟我自己的生命决绝。刚巧在这时候,他又叫我一声"费格佬",我立定了。

"斯图亚特先生,"我的声音颤动得像一根琴弦,"你年纪比我大,你应该知道你的态度,难道你认为,你这样嘲笑我的政治见解是非常聪明、非常俏皮的吗?我想,即使人们见解不同,也得彬彬有礼,保持绅士的身份,要不,我可以告诉你,我也能够找到一些比你说得更刻薄的话嘲骂你的。"

艾伦在我的对面停下来了,他歪戴着帽子,手插在裤子袋里,头稍稍侧向一边。凭着那星星的光亮,我可以看见他侧着耳朵倾听,恶毒地微笑着。等我说完,他马上吹起了口哨,这是一首约各党人的歌曲,意思是在嘲笑科普将军在普兰斯顿潘司①战败的经历:

喂,江尼·科普,你还走得动吗?
你的战鼓还在敲击吗?

我想起,战斗发生的那天,艾伦原是给国王那边当差的。

"斯图亚特先生,你干吗吹这个曲子?"我说,"敢情是要提醒我,你在两方面都给人打败的吗?"曲子马上从艾伦的唇边消失了。他失

---

① 1745年,科普将军率领的英国军队与查利王子所率领的高地部族军队战于普兰斯顿潘司,英军大败。

声道:"大卫!"

"该到了停止这些态度的时候了,"我继续说,"我是说,从现在起,你再谈到我的国王和我的好朋友坎贝尔们时,应该有礼貌些。"

"我是一个斯图亚特……"艾伦开口说。

"当然!"我接嘴说,"我知道你背着一个国王的姓,要知道,自从我来到高地,这类背着王族姓氏的人我已见识过不少;说得最客气,也不过比洗涤布稍微高明点罢了。"

"你可知道你是在侮辱我。"艾伦说,声音很低。

"这我很抱歉,"我说,"我还没有说完哩,若是你讨厌这个说法,恐怕第二个说法也不见得会使你高兴。在战场上,你被我一派的成年人们追来追去,现在,你对一个孩子逞威风,这种自得其乐也够可怜的了。你是坎贝尔们和费格党人手下的败将,你在他们的面前像兔子似的东躲西逃,你谈到他们时,应该承认他们比你强才行。"

艾伦站在那儿,一动不动,风,刮着他的大外套的下摆,向后面飘起。末了,他才说出话来:

"真是件遗憾的事。有些事情一经说出就不能够把它放过的。"

"我从来没有要求你放过,"我说,"我像你一样,已经准备好了。"

"准备什么?"他吃惊地问。

"准备好了,"我重复一句,"我不像有些人那样吹牛,自以为了不起,我可以说出他的名字。来吧!"我抽出我的剑,像艾伦亲自指导我的,摆出防御的姿势。

"大卫!"他大叫一声,"你疯了吗,我不能跟你比剑,那简直是屠杀啊！"

"你侮辱了我，你就该负责。"我说。

"这是事实！"艾伦嚷道，他站了半晌，用手拧着自己的嘴巴，仿佛心头像一团乱麻。"这的确是事实。"他说，一面抽出他的宝剑。我把我的剑向上一挺，还没有碰到他的剑锋时，他把剑一掷，身体倒在地上，口里不停地说："不，不，我不能够，我不能够啊！"

看到这种情况，最后的一丝愤怒也完全消失了，我只觉得虚弱、难过，脑子里空洞洞的，自己也不知道干了些什么，只要能收回自己的话，我是什么都愿意给；可是，话已经说出口，还有谁能够追回来？我想起艾伦过去的种种好处，想起他的勇气，在我们那些险恶的日子里，他是怎样地帮助我，鼓励我，和我同甘苦；我回想我自己给他的侮辱，我看出，我已经永远失去这位勇猛的朋友了。这当儿，我似乎觉得加倍的虚弱，腰部的剧痛像是一把利剑在我的身上磨来磨去。我感到两脚摇摇欲坠，要站不稳了。

这倒给了我一个启示，不管是怎样道歉，都没法抹掉我说过的话；也不用去想这一种念头，没有一种道歉能遮盖我的过失的。道歉虽然没有用，也许只要喊一声求助，就可以把艾伦带回到我的身边。我抛掉了心头的骄傲，叫道："艾伦，要是你没法帮助我，我只好死在这儿了。"

他一下子坐了下来，直瞪瞪望着我。

"这是真的啊，"我说，"我快完啦。噢，让我去找一间房子，进去躲一躲，死也可以死得舒服些。"我用不着假装；不管我是不是故意要这么说,但说话中带哭泣的声调,连铁石心肠也会融化了的。

"你走得动吗?"艾伦问我。

"不,"我回答,"没有人帮助,我是走不了的。过去一个钟头,我的腿发软,腰部像贴上了一块赤红的烙铁。呼吸也感到困难。艾伦,要是我死了,你能原谅我吗?我心里是多喜欢你啊!就是我最最发怒的时候,也是这样的。"

"不!不!"艾伦叫道,"请你别这么说!大卫,我的朋友,你知道——"一阵抽泣,他说不下去了,顿了一下,才继续说,"让我扶住你吧,正是这样!你紧紧地靠着我好了。天知道哪儿有一间屋子!我们若是在巴尔奎特,那儿房屋倒不缺,不,不会有朋友们的房屋。大卫,你这样走,是不是比较舒服点?"

"是的,"我说,"这样我能走。"我紧紧地抓住他的胳臂。

他又几乎抽泣起来。"大卫,"他叫道,"我根本不是人;我没有脑筋,没有仁慈;我忘了你是个没爷没娘的孩子,我也看不到你的两条腿快要瘫掉了,大卫,无论如何,请你原谅我。"

"哦,朋友,别再提这件事吧!"我说,"我们谁也不用纠正谁——这是事实!艾伦,我们一定要容忍才行呀!哎唷,我那根刺,痛得受不了啦!那儿没有房屋吗?"

"我会替你找到一间的,大卫,"他毅然说,"我们沿这条小溪走去,那儿应该有房屋。可怜的朋友,由我来背你,不是更好吗?"

"我,艾伦,我比你还高出12英寸呢!"我说。

"你可不是这种高个子,"艾伦猝然高声道,"相差一两英寸也许还差不多,反正我也没有说我是像你所说的那种高个子,不过,我敢说,"他添上一句,他的声音到了最后拖成了笑声,"噢,我又想了一下,我敢说你说对了。是的,是相差一英尺,或差不多这样,或许还要多些呢!"

听到艾伦为了生怕引起一场新的争吵,竟吞下自己所说的话,觉得又甜蜜,又好笑。若不是那根刺把我刺痛得那么厉害,我早已笑出来了,不过,我即使会笑出声来,我一定也会痛哭一场的。

"艾伦,"我叫道,"你怎么会对我这样好?你怎么会关心我这样一个忘恩负义的家伙呢?"

"真的,我也不知道,"艾伦说,"我想到的,确切地说,我以前所以喜欢你,是因为你从来没有跟我吵过架——啊,现在我更喜欢你了!"

第二十五章　在巴尔奎特

我们在第一个见到的屋子门前站住了。艾伦敲着门,在巴尔奎特山冈这一带的高地上,这不是十分安全的。这一带没有可以统一全区的大族,只有一些小的部族、残余的部落,和大家称为"无人统率的乌合之众",这些部族在坎贝尔族的咄咄进逼下,被赶进福司泉和泰士泉附近的荒野中,充塞在这块土地上,彼此争吵不休。这儿有姓斯图亚特的,也有姓麦克拉仑的,他们可说是同一个系统,因为在战时,麦克拉仑们追随艾伦的首领,跟亚品合为一族。另外还有很多姓麦克格隆高的,他们是那个古老的、被放逐的、匿名的、两手涂满鲜血的部族。他们一直被认为是劣迹昭彰的人物,现在比以前更糟。在整个苏格兰地区,没有得到任何一方面的信任。他们的首领麦克格隆高遭到了放逐,直接统率巴尔奎特这部分的部族领袖詹姆斯·玛亚——罗勃·罗伊的长子——也被关在爱丁堡的堡垒里,等候审判;他们不论跟高地人、低地人,不论是莫拉哈门、麦克拉仑和斯图亚特都有着宿怨;而艾伦,他对任何朋友,不管是怎样疏远,若是他们同别人起了争吵,他都把它看作是自己的事,独独不愿意惹到这些麦克格隆高的身上去。

我们运气不坏,这一家是麦克拉仑,他们不但因为是艾伦的同一支,而且久闻他的大名,热情洋溢地欢迎他。于是也马上把我放倒在床上,找来一位大夫,他发现我的情况危险到极点。不知道是不是因为他医术高明,还是因为我年纪轻,身子骨结实,我在床上躺了不出一个星期,已经可以起床,不到一个月,我又可以高高兴兴踏上旅途了。

在这段时间内,艾伦始终不肯离开我,尽管我经常逼他走,而他这种坚决要待下去的愚勇,的确是两三位知道秘密的朋友中争相传扬的笑料。白天,他躲在一座小树林下面的一个山洞里,晚上,等到一切太平无事,他会跑进屋子来探望我。不用说,我是高兴见到他的。我们的女主人麦克拉仑太太认为,对这样一位客人,无论怎样招待,总是不够周到的;邓肯·杜——这是我们男主人的名字——在家中放着两管风笛,他非常爱好音乐,我身体恢复的时候,这里简直热闹得像过节,我们通常把夜晚变成了白天。

士兵们没有来找我们的麻烦。尽管有一次,有两队步兵和一些龙骑兵在山谷下面走过,我躺在床上,透过窗子,看见了他们。还有更加叫人惊奇的,从来没有一个吃衙门饭的人走近我,也没有人问起我的来踪去迹;在那骚动的日子里,我竟摆脱了一切盘问,仿佛我是躺在沙漠上似的。话虽这么说,我离开以前,巴尔奎特和附近一带的老百姓已经知道我了,很多人到这一个家庭里来访问我,他们(按照这一带的习惯)把这个消息向他们的邻居们传播。那时候,悬赏捉拿的传单已经印出。有一张钉在我的床脚附近,我可以读到那幅对我不大夸赞的画像,至于那笔购买我头颅的血腥钱,也赫然用大字标着数目。知道我是跟艾伦同来的那些人,像邓肯·杜和其他几位,当然知道我是谁,其他很多人也一定在猜测我了。因为,尽管我改了装,但没法改变我的年龄和面貌,在这一带,18 岁的低地孩子并不多见,何况又是这种时候,他们不消多猜,就可以把我和那张传单联系起来,的确是这样。在别的地方,老乡们可以在两三个知己朋友中间保守一个秘密,但迟早总会泄露;在这些部族里,哪怕传遍了整个四乡,也会把秘密保持100 年。

有一件事值得谈一下:有一天,罗宾·奥伊格——那个声名狼藉的罗勃·罗伊的一个儿子——跑来访问我。他是各方面都在搜索的人物,被控告从巴尔福隆劫走一个少妇,据说还用暴力娶了她;可是他在巴尔奎特却昂首阔步,活像一位在高墙围绕的私人庭院里踱步的绅士。还有,是他在犁柄旁把詹姆斯·麦克拉仑射杀的,这是一场永远没法解决的争吵。可是他走进他的血海深仇的敌人的家里,却像一个货郎走进一家客栈一样。

邓肯趁空递了一句话,告诉我来的是谁。我们焦虑地相对望了一眼。你们要知道,这是艾伦快要来的时候了,他们两人不像是谈得投机的;可是像麦克格隆高这种处处遭人白眼的人物,要在他的面前递出一个信号或传出一句话,那准会引起他的疑心的。

他进来时表现得气派十足,仿佛是处在一群下等人中间。他脱下帽子,向麦克拉仑太太招呼后,又把它戴在头上,然后对邓肯说话,等他的心目中认为一切都合适后,才来到我的床前,鞠了一躬,说:

"先生,我听说你尊姓巴尔福。"

"他们叫我大卫·巴尔福,"我回答,"愿为你效劳。"

"先生,本来应该礼尚往来,把我的名字告诉你,可是近来遭到了一点儿不幸,也许我只告诉你,我是詹姆斯·玛亚·德鲁蒙特或麦克格隆高的嫡亲兄弟,也就够了,你大概不会没听到他吧。"

"当然啰,先生,"我说,有点儿惊惶,"当然还听到过令尊麦克格隆高-坎贝尔啰。"我坐了起来,在床上向他鞠了一躬,我想他既然因为他爸爸生了这样一个亡命徒的儿子而感到骄傲,那我还是恭维他一下的好。

他一面也向我鞠了一躬,一面继续说,"先生,我到这儿来,是要请教你一件事:1745年的那年,家兄召集了一部分格隆加拉①的族人,分成六队,参加正义的一面作战。他在普兰斯顿潘司的小接触中断了腿,一位跟随我们部族进军的大夫替他治好了,这位大夫和你同姓,他是巴斯的巴尔福的弟兄,若是你跟这位先生沾一点亲,我,还有我的族人,都将听从你的驱使。"

你们记得,我对于自己的家世,不见得比流浪汉的一条狗知道得更多。当然啰,我的叔叔曾经信口开河地谈到我们和一些高贵门第的关系,可是他也跟现在的问题没丝毫相关;我一句话回答不出,感到丢尽了脸。

罗宾简单地说他很抱歉,打扰了我,连告辞也不说一声,扭转身子

---

① 格隆加拉:即麦克格隆高部族。

就走掉了；当他向门口走去时,我听到他告诉邓肯,说我"只是一个不知道生身父亲的没亲少眷的小流氓"。听到这些话,我心头直冒火,也惭愧自己的无知,想到这个难逃法网的家伙(大约三年后,他确实是结果在绞刑架上的),竟会对熟人的亲属表示那么的好意,我禁不住微笑起来了。

就在门口那儿,他碰见艾伦,两人马上倒退一步,像两只不相识的狗似的你盯住我,我盯住你。他们都不是魁梧的人,不过都有一股傲气,仿佛把他们的身体鼓了起来似的。他们每人佩一把宝剑,屁股一扭动,手插到剑柄上,这样,可是更容易抓住剑柄,使宝剑出鞘。

"我想是斯图亚特先生吧?"罗宾说。

"不错,麦克格隆高先生,这个姓不是见不得人的。"艾伦回答。

"先生,我不知道你是在我的地区里。"罗宾说。

"我记得我是在我的朋友麦克拉仑的地区里。"艾伦顶嘴说。

"这一点倒不容易搞清楚,"另一位回驳,"也许,两方面都可以说。得啦,我听说你懂得一点击剑的玩意?"

"要不是你天生是个聋子,麦克格隆高先生,你听到的应该比这一点还多呢,"艾伦说,"在亚品,我还不是唯一能挥动宝剑的人。几年前,我的亲族和首领阿希尔,曾经和你同姓的一位绅士较量过,我简直没有想到麦克格隆高只有那么一点儿本领。"

"你是说我的爸爸吗?先生。"罗宾说。

"噢,我不会惊奇,"艾伦说,"我心目中的这位绅士有一个不良的嗜好,喜欢把他的姓跟坎贝尔连在一起。"

"我爸爸是个老头儿,"罗宾回驳,"那场比赛不是势均力敌的。先生,我和你才是更好的一对。"

"我也这么想。"艾伦说。

我的半个身体已经在床外了,邓肯呢,等候在这两只好斗的公鸡的近旁,准备一有机会,就马上调解。现在,话已说成这样,若不马上插手,那就永远别想,说真的,邓肯的脸色都白了,他马上插进去说:

"喂,先生们,我想到一件完全不同的事,这儿是我的风笛,你们两位又都是公认的吹笛能手。不过,到底哪一位吹得更好,这问题争论很久了,现在倒是一个解决的好机会。"

"怎么,先生……"艾伦仍旧望着罗宾说。事实上,他的眼锋一刻没有离开过罗宾,反过来,罗宾也是这样。"怎么,先生,"艾伦说,"我想我听到过这一类传说的,难道你像老乡们所说的懂得音乐吗?你算是一个风笛手吗?"

"我可以吹得像一个麦克林蒙!"罗宾直着嗓子说。

"这句话说得勇气十足。"艾伦说。

"我以前说过比这还要勇敢的话呢,"罗宾顶了一句,"那是跟更强的对手说的。"

"这个容易。"艾伦说。

邓肯·杜三步并作两步地把他的心爱物——两管风笛拿了出来,在他的客人面前放了一盘羊肉火腿,一瓶大家称为阿查尔蜜酒[①]——

[①] 阿查尔是苏格兰的一个山区,以产蜜酒闻名。

那是用陈年威士忌、上好的蜂蜜、甜乳酪,按照合适的程序和成分慢慢地调制的。那两位对手的争吵,仍旧可能一触即发。不过,他们已坐了下来,一个坐在煤火的这一头,一个坐在另一头,表现得礼貌十足。麦克拉仑殷勤地邀请他们尝尝他的羊肉火腿和"太太的蜜酒",提醒他们,他的妻子是从阿查尔来的,她的调制甜品的手艺是远近闻名的。可是罗宾理也不理这种殷勤的招待,仿佛根本算不了什么。

"先生,我要向你声明,"艾伦说,"我快要有10个钟点没有碰过面包了,那比吃不到苏格兰随便哪一种蜜酒还要难受。"

"我不愿意占这种便宜,斯图亚特先生,"罗宾回答说,"喝吧,吃吧!我追随你得啦。"

各人吃了一小块火腿,向麦克拉仑太太敬了一杯蜜酒;这一大套繁文缛节结束后,罗宾拿起笛子,吹了一小段十分热的曲子。

"是啊,你还可以吹。"艾伦说着,从他对手的手里拿过乐器,开头,他吹的那个调子和罗宾的完全一样,接着,他徘徊在不同的调子中了,在抑扬的乐声中,他添饰了优美动听的饰音,吹一曲风笛手们所喜爱的所谓《百鸟朝凤》。

罗宾的吹奏使我心旷神怡,艾伦的曲子使我飘飘然了。"不坏,斯图亚特先生,"那位对手说,"你吹奏百鸟朝凤的手法还不很高明。"

"我吗!"一股热血涌上了艾伦的脸颊,他扯开喉咙直叫,"你撒谎。"

"那么,你在风笛这玩意儿上认输了吧,"罗宾说,"你想转移目标,较量一下宝剑吗?"

"说得好,麦克格隆高先生,"艾伦回答,"暂时(他在这个字眼上加重了语气)我撤回刚才的指责,我要请邓肯主持公道。"

"老实说,你不需要请人主持公道,"罗宾说,"你自己的判断,比巴尔奎特随便哪一位麦克拉仑都要强得多,这是千真万确的事,对一个斯图亚特来说,你是一个值得称誉的风笛手了,把笛子给我。"

艾伦把笛子给了他,他模仿艾伦的一些变奏曲,改正了一些,似乎他完全记得似的。

"是啊,你懂得音乐。"艾伦说,神色沮丧。

"现在你自己来判断吧,斯图亚特先生。"罗宾说着,从头吹起那些变奏曲来,他的吹奏出现了一个新的效果,充溢着才能和情感,在"饰音"上表现了奇妙的幻想和灵敏的技巧,我听得入迷了。

艾伦呢,他脸色发黑,发热,他坐着,咬着手指,像一个遭受了极大侮辱的人。"够了!"他嚷道,"你可以吹笛子——你尽量卖弄好了。"他似乎要站起来了。

罗宾伸出了手,仿佛是要求艾伦肃静,接着,他吹奏一个缓慢的勇壮的曲子。那乐曲本身很美妙,他吹得又动听;而且,这一支曲子,对亚品的斯图亚特特别的亲切,因为这是艾伦最心爱的曲子,第一个曲子还没有吹完,艾伦的脸色已经起了变化。时间一点点过去,他开始坐立不安起来了,曲子还没有终了,他最后一丝愤怒的痕迹早已消失了,整个身心沉醉在音乐中了。

一曲既终,他说道:

"罗宾·奥格,你是一个伟大的风笛手。我是不配跟你在同一个国土上吹奏的。天哪,你袋子里的音乐比我脑子里的还多!我心里虽然还想用冷冰冰的宝剑向你表演另一套本领。我预先告诉你——这是不公平的!要我向一个像你这样能吹笛子的人斤斤计较,那是违反我的良心的!"

争端就这样解决了。整整一夜,蜜酒不住地斟下,笛子也经常调换主人。罗宾还没有想到要踏上路途时,白日已到来,天际已相当地明亮,这三个人都早已灌饱杯中物,醉眼惺忪,不知所以了。

第二十六章 逃亡的终了：我们经过福司

我说过,这一月还没有过去,当他们宣布我可以动身时,已经快到 8 月下旬了,天气美丽而温暖,一切都显示早日丰收的征象。这时,我们快要囊空如洗,必须尽快地走路才行,若是不能很快地找到兰基勒先生,或者,即使找到了他,他也不愿帮助我们的话,那我们准要挨饿。照艾伦的看法,现在一定已经大大地放松了对我们的追捕。福司河沿岸,甚至这条河的主要关口施德林桥,也一定是马马虎虎地监视着的。

"这是军事上的一条主要的原则,"他说,"出其不意,攻其不备。福司河是我们的麻烦。你知道这句俗话吧:'福司河缚住了粗野的高地人。'是的,若是我们想绕着河的上游偷偷地走到金宾或巴尔弗隆,那正好中他们的奸计,投入他们的罗网,相反,若是我们笔直地向古老的施德林桥冲去,我愿意拿我的宝剑打赌,他们不会找我们的麻烦,而会让我们通过的。"

依照这个计划,第一夜,我们向史特拉叟推进,在一位麦克拉仑——邓肯的朋友——的屋子里度了这个月份的第21天,睡到夜色快降临时,我们重新踏上了行程。到了第22天,我们躺在温华境内一个山坡上的灌木丛里,可以望见附近的一群麋鹿,这是我第一次尝到的最快活的睡眠,在那美丽而爽快的阳光下,在干透了的地上,足足睡了10个小时之久。那一夜,我们到了阿仑河,沿河走去,来到山边,看见整个施德林的沃地躺在脚下,那沃地好像烤饼似的平坦,中间有一座小山,市镇和城堡都筑在这座小山上,月光照耀着福司河两岸的草原。

"喂,"艾伦对我说,"我不知道你是不是注意到,你又要踏上你自己的土地了。午夜一到,我们就通过高地的界线,只要能通过那条弯弯曲曲的河流,就可以把我们的苏格兰式帽子抛到空中了。"

我们发现阿艾河和福司河汇合处的附近有一个很小的沙岛,上面蔓生着一些牛蒡草、款冬草和类似的杂草,若是我们平卧在地上,刚好把我们遮住。我们在这小岛上露宿,从这儿,我们可以清楚地看见施德林城堡,还可以听到从那里传来的一部分守备队在巡逻时的咚咚鼓声。收割的人整天在河那面的田野里工作,我们可以听见石子掉到河湾里的声响,甚至听到人们的说话。按道理,我们应该静悄悄地躺着才行。可是这小岛上的沙子晒得发烫,青翠的草木只遮住了我们的头颅,我们倒不忧吃喝,最重要的,我们已看得见安全地带了。

一等那收割的人停止工作,而暮色来临时,我们就涉水上岸,向施德林桥走去。我们沿着田地,在田地的围篱下悄悄地走着。

桥紧靠在城堡的山冈下,又高又狭,沿栏杆竖起了几个小尖塔,显得古色古香。当我望着它时,你也许想象得到我是感到多大的兴趣,它不光是著名的古迹,也是艾伦和我得救的大门。我们到达那儿的时候,月亮尚未升起,沿着碉堡前面的房屋点着几支灯光,下面镇上,也有几家的窗子透出了亮光。到处是一片肃静,似乎连通道上也没有人守卫。

我正准备笔直地冲过去,艾伦比较小心,挡住了我,说:

"看上去倒是很安静呢,不过,我们还是小心一点的好,躺在堤岸后面,把情况弄清楚了再走吧。"

我们在那儿躺了一刻钟光景,有时咬着耳朵悄悄地说几句。当时万籁俱寂,只有冲击着码头的流水声传进我的耳朵。临了,一位拿着拐杖的老婆婆一跛一跛地走了过来,她走到我们的附近,先休息一会儿,唉声叹气地抱怨她走了这么一段长路,然后开始向桥头上的陡峭的台阶走去。老婆婆是那么瘦小,夜晚又是那么黑暗,不多久,我们看不见她了,只听见她的脚步、她的拐杖和一阵阵的咳嗽声,慢慢地在远处消失了。

"她应该过了桥啦。"我轻轻地说。

"不,她的脚还在桥上,发出空洞洞的声音呢。"艾伦回答。

这当儿,突然一声吆喝:"谁在走路?"接着,听见一支滑膛枪的枪托在石子地上咔嗒响了一声。本来我以为那个哨兵已经进入了梦乡,所以,若是我们尝试一下,也许可以溜过去,不给人发觉,现在他已经醒来,机会也消失了。

"这不行呀,"艾伦说,"大卫,对我们来说,这可是永远办不到的。"

他没有再说一句话,往田地里爬,没一会儿,快要看不见了,他又站了起来,沿着一条向东方去的道路走去。我猜不出他要去干什么,只是,那一场失望的确弄得我沮丧到了极点,什么事都引不起我的兴致。没有多少时候以前,我还想象我自己好似歌谣中的一位英雄,敲着兰基勒先生的大门,要求我的继承权;现在呢,我已回到福司河这一面——只是一个流浪的、被追捕的可怜虫。

"怎么样啦?"我问艾伦。

"怎么样,你怎么想呢?"艾伦说,"他们倒不是我想象中的一些傻瓜。大卫,我们还得渡过福司河才行——待在这使河流涨得满满的雨水中和给它引路的山坡旁,真令人生厌!"

"那么,干吗向东走呢?"我说。

"噢,只是想碰碰运气!"他说,"如果我们没有办法过河,可以到河口那儿去看看,想想办法。"

"河面上还有一些浅滩,可以涉水过去的,河口那儿是什么都没有啊。"我说。

"不错,这儿除了桥,还有一些浅滩,"艾伦说,"要是它们也给监视了,那有什么用呢?"

"好吧,那可以游泳过河。"我说。

"要游过去,先要会游泳才行,"艾伦回驳,"我还没有听说你是游泳方面的能手;至于我,一跳进水里,就跟一块石头差不多。"

"艾伦,我不是要跟你争辩,"我说,"我看出,我们把事情搞得越发糟了。要是连渡过一条河都这么困难,更不用说渡过一个大海了。"

"不过还有船只这玩意儿呢,"艾伦说,"要不,我更失望了。"

"是啊,还得有金钱这玩意儿才行,"我说,"我们既没有这些,也没有那些,它们就是还没有被发明出来,对我们也没有什么两样。"

"你是这么想的吗?"艾伦说。

"我是这么想的。"我说。

"大卫,"他说,"你太缺乏发明的才能了,更缺乏信心。现在,让我来磨炼我的智慧吧,若是我连一条船也讨不到,借不到,或是偷不到,那我也要造一条!"

"我们走着瞧吧!"我说,"还有一件最重要的事:若是你从桥上过去,那不会有人怀疑、说闲话,可是,如果我们渡过河口,把一只空船留在那一面——那一定是有人划过去的——这样,这一带都会喊喊喳喳……"

"朋友!"艾伦叫道,"若是我弄到了船,我也会找一个人把它驶回来的,别再拿你的废话来聒噪我了,你只要迈开你的两条腿(你非这样做不可),让艾伦来替你动脑筋好了。"

整整一夜,我们在奥吉尔山的高度线下面,在卡斯的北面走着,我们经过阿罗亚、克拉克曼南和冠尔劳司附近,这些地方,我们都回避了,到早晨 10 点钟光景,我们又饿、又累,才走到林密金士的一个小村镇。这地方坐落在霍波河边,和皇后渡口隔河相望,炊烟从这两个地方袅袅上升,也在其他村子和各个农庄的上空升起。田地里的庄稼正在收割,霍波河上,停泊着两条大船,而一些小船在河中来来往往。在我看来,这是一个愉快的景色!我凝视着这些悦目的开垦了的青山,以及地里和海上忙碌着的人们,仿佛还不够尽兴似的。

兰基勒先生的屋子就在河的南岸,那儿一定有一笔财产等待着我呢!现在呢,我还是在河的北岸,一身可怜巴巴的外乡人打扮,全部财产只剩下三个先令,一笔赏金悬在我的头颅上,还有一个亡命徒是我唯一的伙伴。

"噢,艾伦,想想这个吧!"我说,"在那儿,我心里所盼望的一切都在那儿等待我,鸟儿可以过去,船可以过去,谁高兴,都可以过去,只有我例外!唉,老天老天,这叫我的心都碎啦!"

在林密金士,我们走进一家很小的客栈,从它门前的竿子看来,我们只知道是一片酒馆,我们向那儿当值的一位很漂亮的小姑娘买了些面包和干酪,把它包好,想带到前面不到半英里路的一个树丛里去,在那儿坐着吃。那树丛就在河边上,我们一路走,我的两只眼睛望着河的那一边,不停地叹息,没有注意到艾伦已经陷入沉思中了。突然,他在路上停了下来。

"你注意到卖给我们这些东西的那位小姑娘吗?"他拍拍面包和干酪,说。

"当然啰,"我说,"她才是个漂亮的妞儿。"

"你这么想吗?"他提高了声音,"噢,大卫,那是个好消息。"

"我凭一切奇妙的东西来发问,这究竟为什么?"我说,"哪能有什么好处?"

"喂,"艾伦带着一种逗笑的脸色说,"我倒抱了很大的希望呢,也许她可以替我们找到一条船的。"

"若是恰恰相反,那才比较相近一些。"我说。

"你瞧,你只知其一,"艾伦说,"我并不要小姑娘爱上你,我要她可怜你,大卫,为了这个目的,根本用不到要她把你当作是一个漂亮的公子哥儿。来,让我瞧瞧,"(他把我仔细地端详了很久)"我希望你再苍白一点,别的倒很合我的心意——你的外表活像是一个挨过打的顶呱呱的可怜虫,衣服成了布条,你的外套仿佛是从稻草人那儿偷来的。来吧,向后转,回到客栈里去找寻我们的船吧。"

我听了不禁哈哈大笑。

"大卫·巴尔福,"他说,"你这副模样简直滑稽透顶,当然啰,你把它看得非常滑稽,若是你对我的脖子还有一点儿爱好的话——不必谈到你自己的脖子——你也许会严肃地看待这件事情的。我将要去表演一台戏,表演这台戏的基本原因跟那等待着我们的绞刑架同样是一件严肃的事。所以要请你记在心上,适当地安排自己的举动。"

"好吧,好吧,我听从你的盼咐。"我说。

我们快要走近村镇,他让我拖住他的胳臂,装成快要累死的模样,他推开小客栈大门的时候,几乎全力扶着我。小姑娘对我们的迅速回来似乎很惊异(她可能是这样);艾伦却没有对她解释一声,把我扶到一张椅子上,叫来了一杯白兰地,一小口一小口地给我喝,他把面包扯下来,夹着干酪,像一个保姆似的喂给我,这一切动作,配合了那种忧郁的、关心的、深情的面容,也许能叫一个法官上当。所以,如果那位姑娘把我们所表演的这一幕中的人,一个看作是操劳过度的可怜的病孩子,一个是最体贴的同伴,也就不值得惊奇了。她走近我们,身体靠在旁边的一张桌子上,站立着。末了,她问道:

"他出了什么毛病？"

艾伦转过身来，使我万分惊异的是，他竟带着一脸怒容对她直嚷："毛病？他走过的路程比他下巴上的汗毛还多上几百倍，睡在潮湿的树丛里的日子比睡在干被单下的还多。毛病！这是你的说法；我可不认为是十足的毛病！毛病！当然啰！"他一面喂我，一面不停地发牢骚，好像很不高兴。

"看上去很年轻。"那姑娘说。

"太年轻了。"艾伦头也没有转过去。

"他最好骑着马儿走路。"她又说。

"我打哪儿去找马来给他骑呢？"艾伦仍旧露出那副愤怒的脸色，转过身子，对着她高声说，"难道你要我去偷吗？"

我想这种粗鲁的态度会惹她生气的，她当时的确闭紧了嘴巴。不过我的伙伴很清楚自己在干些什么，他好似对付一些日常的事那样轻而易举，在这一类事情上，他的确有一套捣鬼的好办法。

"你用不着告诉我，你准是个上流社会的人。"她终于说。

这个天真烂漫的说法使艾伦的态度柔和了一点（我相信这是违背他的心愿的），他说："假使我们是的话，那又怎么样？你难道听说过高贵出身的人把钱放在别人的口袋里的吗。"

她对这句话连声叹息，仿佛她自己是一个丧失继承权的贵妇人。"不，"她说，"那确是真的。"

这些时候，我对我所表演的这个角色一直不高兴，我坐着，在耻辱和欢乐之间说不出话来；我没法再装下去了，我请求艾伦别再管我，说我已经好多了。我的话梗在喉咙里,因为我一向痛恨说谎,想不到我的这种无可奈何的窘态,反倒帮助了艾伦的计谋,无疑地,那小姑娘把我的那种嘶哑的声音看作是患病和疲倦。

"他没有朋友吗?"她说,说话里带着哭声。

"若是我们能够找到他们,他难道还会这样?"艾伦直着喉咙道,"我们多么想找到朋友,有钱的朋友,有床可睡,有东西吃,有大夫可以诊治他。现在呢,他迫得像花子似的踩着水坑走路,还得躺在灌木丛里睡觉。"

"那为什么?"小姑娘说。

"亲爱的,我不能说出来,那不很安全;不过我会表演给你看的,"艾伦说,"我来吹一个曲子给你听听。"他撑在桌子上,探出半个身体,用非常轻,然而极富于情感的声音吹着口哨,给她吹了《查利是我的亲人》①中的几节调子。

"嘘——"她轻声说,回头向门口望了一眼。

"就是这样。"艾伦说。

"他还这么年轻!"小姑娘叫道。

"他的年龄足够——"他用食指在脖子背后划了一下,表示我的年龄足够把脑袋丢掉。

"这是多么可耻的事。"她失声道,血涌上了她的脸。

"事情反正会这样,"艾伦说,"除非我们可以想到一个较好的

---

① 这是约各派赞美查利王子的歌曲。

方法。"

听到这句话,小姑娘转过身体,奔出了这间屋子,让我们两人单独在一起,艾伦兴致勃勃地在想他的进一步的计划。我呢,把我称为约各党人,还把我当作一个孩子对待,不由我不生气。

"艾伦,"我叫道,"我不能再忍受这一套了。"

"你现在非得忍受不可,大卫,"他说,"若是你把事情弄糟,你自己也许可以逃脱大难,保全生命,我艾伦·布雷克非断送了性命不可。"

这也是实在的话,我除了呻吟以外,还有什么办法呢,想不到我的呻吟也帮了艾伦的忙,因为当小姑娘拿了一碟子白色的布丁和一瓶烈酒,飞也似的重新回来时,刚巧给她听到了。

"可怜的孩子!"她叹一口气说,把食物放在我们的面前,马上友善地轻轻摸我的肩头,仿佛是在鼓舞我。接着,她要我们动手吃,不用我们付钱,因为这是她自己的店铺,至少是她爸爸的,而他在这一天到毕丁克里夫去了。布丁的香味是那么诱人,不像面包和干酪那么令人扫兴,不用她再次邀请,我们早已狼吞虎咽起来了。当我们坐着吃的时候,她照旧站在附近的桌子旁,望着我们,想着,自个儿皱起眉头,拨弄那围巾上的带子,把它缠在自己的手上。末了,她对艾伦说:

"我觉得你有点儿多嘴。"

"是啊,"艾伦回答,"不过你瞧,我知道和我说话的人是怎样的人物。"

"我不会出卖你们的,"她说,"要是你是这个意思的话。"

"不,"艾伦说,"你不是那种人。我还可以告诉你,你能够帮助我们的。"

"我不能够,"她摇摇头,"不,我不能够。"

"要是你能够,你愿意帮助吗?"他说。

她没有应声。

"我的好姑娘,你瞧,在福依夫这一带有很多的船只,我走过你们镇梢头的时候,看到滩头上至少泊着两条小船。我们只要能利用一条船,趁着黑夜,驶到罗狄安去,再由一位能保守秘密的正派人把船划回到原来的地方,就可以救出两条生命——我呢,十成倒有九成可以得到安全;他呢,百分之百的脱险。万一我们弄不到船,在这茫茫的大地上,我们总共只剩三个先令,上哪儿去呢?怎么办呢?除了那绞刑台的绞索外,哪儿还有我们去的地方?我坦白告诉你,我根本不知道!小姑娘,难道要我们活活饿死吗?当风在烟囱里嘶鸣,雨水在屋顶上滴滴答答直响的时候,你会躺在那温暖的床上想到我们吗?当你在熊熊的火炉旁吃东西的时候,你会想到这个可怜的病孩子正在阴沉沉的荒原上挨冻受饿,咬着自己的指甲吗?不管他是不是生病,他只能走个不停;死神的阴爪随时都会抓住他的喉咙,他也只好拖着沉重的脚步,冒雨踏上漫长的路途,等他在一小堆冷冰冰的石子上咽下最后一口气的时候,也只有我和上帝会在他的身边。"

我可以看出,这一番恳求把这位小姑娘弄得心乱如麻,她又想帮助我们,又怕可能帮助了一些坏人,这时,我决定亲自出马,说出一部分实话,消除她的顾虑。

"你听到过渡口的兰基勒先生吗?"我说。

"兰基勒,那位律师吗?我当然知道。"她说。

"那么好了,我就是要到他的家里去,"我说,"这样,你可以判断我是不是一个坏人了;我还要告诉你,我虽然由于阴差阳错,遭到可怕的牵累,生命的确也有危险,可是,我可以说,在整个苏格兰的土地上,乔治国王再也找不到一个像我这样真正的朋友了。"

我这么一说,她的脸蛋儿大大地明朗起来了,虽然艾伦的脸色却黯淡了下去。

"这比我想要问的还多了,"她说,"兰基勒先生是个有学问的人。"于是,她请求我们吃完东西,赶快离开这个村镇,偷偷地躲在海边上那一小丛树林里去。"你们完全可以信任我,"她说,"我会想办法把你们渡过去。"

这样,我们不用再待下去了,为了这件事,我们和她握握手,赶快吃完布丁,离开林密金士,重新走到树林里去。那树林子很小,只有二三十棵接骨树、山楂树和几棵小小的白杨树,疏疏落落地不够把我们遮住,不让路上和海边的过路人看见。我们只好躺在地上,尽量享受美丽而暖和的气候和那可以使我们得救的可爱的希望,更详细地计划我们还要办的事情。

一整天,我们只遭到一件麻烦事:一个闲逛的吹笛人走进了我们的树林子,在我们的身旁坐了下来。他是一个醉汉,酒糟鼻子、烂眼睛,口袋里装了一大瓶威士忌酒,唠唠叨叨地谈了一大串被各式各样的人物虐待的鬼话,他从高等民事法庭的庭长说起,骂他对他不公平,一直说到英浮堪辛的市参议员们,说他们对待他超过他自己的想象。像我们这两个整天躲在树林里无所事事的人,不可能不引起他的疑心,他一刻不停地打听我们的底细,把我们窘得像热锅上的蚂蚁。他离开后,我们更待不下去了,只想早一点走掉,因为像他这样的人物是不可能搁起他的舌头的。

明亮的白昼终于走完了它的路程,黑夜降临了,平静而清澈。灯光从房屋里和各个小村庄传了过来,接着,又开始一个个地熄灭了。我们等了很久,直到过了11点钟,心头早已有说不出的焦急和痛苦,才听到嘎吱嘎吱的划桨声。我们抬头望出去,看见那位小姑娘亲自划了一条小船,向我们驶来。她不敢把我们的事情信托给任何人,哪怕是她的情人——如果她有的话——却等到她的爸爸睡着了,从窗户里爬出屋子,偷了邻居的一条小船,单独地来帮助我们。

我脸红耳赤,不知怎么表达心中的感谢,她呢,想到听见这样的话,也把脸儿涨得通红。她请求我们不要浪费时间,不要说话,她说得非常适当,说我们最主要的是要迅速、沉默。于是,她三划两划地把我们送到了离卡林顿不远的罗狄安,她把我们送上岸后和我们握握手,没等我们说出一句关于她的帮助,或表示我们的感谢的话,已经重新驶进大河,向林密金士划去了。

甚至在她划走了以后,我们还是说不出话来,的确,世界上还找不到一种言语足够表达这样的仁慈。艾伦在岸上站了很久,不住地摇着头。

"真是个了不起的好姑娘,"最后他才开口说,"大卫,她真是个了不起的好姑娘。"一个钟头以后,我们躺在海边上的一个洞窟里,当我早已迷迷糊糊地打着瞌睡时,他又开始赞美起那姑娘的品格来了。至于我呢,我没法说些什么,她是那么纯洁,我的良心责备着我,一半是悔恨,一半是害怕,悔恨的是我们利用了她的天真无知,害怕的是:我们的境况可能牵累了她,使她遭受危难。

第二十七章　访问兰基勒先生

第二天,我们商定先由艾伦自个儿去躲着,一直等到太阳落山;不过天刚开始发黑时,他就应该躺在钮霍尔附近公路旁边的田野里,直等到听见我吹了口哨,才可以动弹。起初,我建议用我最心爱的歌曲《爱埃林的漂亮屋子》作为我给他的信号,他不赞成用这个歌,说它太普通了,随便哪一个庄稼汉都可能在无意中哼出来的。他却教我唱一小段高地的曲子,从那一天起,直到今天,这个曲子一直萦回在我的脑中,也许当我临终归天时,它也会在我的头脑里盘旋着的。它每次来到我的回忆中的时候,总使我想起我那个前途茫茫,吉凶不定的日子,想到艾伦坐在洞穴的底上,口里哼着,一只手指打着拍子,黎明的曙光照在他的脸上。

太阳还没有升起前,已经在皇后渡口的长街上了。这是一座建筑得相当好的城市,房屋是用结实的石块砌的,很多的屋顶上盖着石板瓦。在我的心目中,市政厅还比不上庇勃尔斯①的市政厅漂亮,街道也

---

① 苏格兰的一个小城名。

不怎么华丽。总的说来,拿我这身又脏又破的衣服和它相比,够叫我害臊的了。

晨曦逐渐地展开,火点起来了,窗户开了,人们也出现在屋子外面了,我呢,却变得从来没有过的焦虑和沮丧。现在,我发觉自己没有立足的理由,没有明确的证据可以证明我的权利,连证明我自己身份的东西也没有一件。若是一切都是泡影,那我真的是遭到了痛心的欺骗,而陷入悲惨的境地中了。哪怕事情都像我自己所想象的那样,也得要花费一点时间,才能确立我的论辩,然而,我的腰包里总共不到三个先令,身边还有一位被追捕的判了罪的人,需要送到国外去,我哪儿有时间可以等待呢?真的,若是我的希望随着我而破灭,那时候,我们两人都可能上绞刑架了。我在街上继续走来走去,看见街上的行人和窗口上的人在斜着眼睛望我,他们堆起了微笑,用手肘轻轻地向旁边的人触一下,或是说上几句,我又开始担忧起来了:也许跟律师说几句话已经不很容易,更不用说要他相信我的经历了。

唉,我是该向这些可敬的市民打听的,可是要我的命也鼓不起这种勇气。我想到自己是这么一副可怜相,衣服又破又脏,跟他们说话都觉得害臊。若是我去询问像兰基勒先生这样一位人物的屋子,我猜想,他们准会当着我的面哈哈大笑的。我于是像一只丧家犬似的走过来又走过去,从那条街一直走到港边,仿佛有什么东西在咬着我的心,每一刻都是一阵绝望。太阳升高了,也许是午前9点钟了,这样的东逛西荡把我累得筋疲力尽,碰巧,我走到了一幢在向陆地一面的十分漂亮的屋子前面,我立定脚步,这一幢屋子,镶着美丽而明亮的玻璃窗,窗台上装饰了五颜六色的花结,墙壁是新近粗粗粉刷的,一只猎狗坐在台阶上打着呵欠,仿佛是在家里一样。真的,我连对这只哑巴畜生也嫉妒起来了。这当儿,门突然打开,走出一位机敏的、脸色红红的、相当傲慢的人物,他戴了一头撒满发粉的假发和一副眼镜。我的那种悲惨情况,没有人会对我一顾的,偏偏他望了我一眼,后来证明,这位先生对我的可怜的外表是那么吃惊。他笔直地走到我的面前,问我是干什么的。

我告诉他,我到皇后渡口来有事情要办;我鼓起勇气,请他指点我怎样到兰基勒先生的家里去。

"什么,"他说,"我刚才出来的就是他的家,真巧,我就是兰基勒。"

"那么,先生,我请求你允许我和你谈一次吧。"我说。

"我还不知道你的尊姓大名,也没有见过你呢。"他回答。

"我叫大卫·巴尔福。"我说。

"大卫·巴尔福?"他重复一句,声调提得很高,仿佛吃了一惊似的。"那你打哪儿来的? 大卫·巴尔福先生。"他问我,相当冷淡地瞧着我的脸。

"我是从很多很多陌生的地方来的,先生,"我回答,"我想,我们还是在一个更机密的地方,把我从什么地方来和怎样来的经过告诉你,才比较妥当些。"

他好像是默默地想了一会儿,一只手按在嘴唇上,忽而对我望望,忽而又朝人行道上瞧瞧,末了,他开口了:

"是啊,当然这样最好,"他退回去,把我领进他的屋子里,他向一位不露面的人物喊了一声,说他要忙上一个早晨了。然后,把我领进一间满是灰尘的小房间,里面堆满了书籍和文件。他坐了下来,要我也坐下。他望望他的干净的椅子,再瞧瞧我那身涂满污泥的破衣服,仿佛有点懊悔似的。"喂,要是你有什么事情,请你简单明了、直截了当地说出来。'Nec gemino bellum Trojanum orditurab ovo①',你懂这句话吗?"他说,向我尖利地扫了一眼。

"先生,我还会遵照霍拉西②的话去做的,"我微笑地回答,"马上向你 in medias res③。"他点点头,似乎很高兴。的确,他是用一点拉丁文知识来向我测验了。这一来,虽然我的勇气也提起了一点,当我添上一句道:"我有理由相信,我对肖府的田庄有一些权利。"我仍禁不住涨红了脸。

他从抽屉里拿出一本簿子,摊开在自己的面前。"怎么样?"他问道。

我已窘住了,坐着,一句话说不出来。

"说吧,说吧,巴尔福先生,"他说,"你一定要说下去。你出生在哪儿?"

"在埃森底,先生,"我回答,"1733 年 3 月 12 日。"

他似乎根据我的申明,在簿子里查阅些什么。可是我不知道这是什么意思。"你的父亲和母亲呢?"他又问。

---

① 拉丁语:谈特洛伊战争,不要从蛋的起源谈起。意思是说:谈问题不要绕弯儿。
② 霍拉西:罗马抒情诗人(公元前 65—前 8),上面一句拉丁文系摘自霍拉西的诗句。
③ 拉丁语:谈到事情的本身。

"我父亲叫亚历山大·巴尔福,是那个地方的小学教员,"我说,"我的母亲叫格兰丝·毕塔洛,我想她的娘家在安古斯。"

"你有没有可以证明你的身份的任何证件?"兰基勒先生继续问我。

"没有,先生,"我说,"不过它们是在牧师坎贝尔先生的手里,那是很容易拿出来的。坎贝尔先生也可以替我证明。关于这件事,我想我的叔叔也不会否认的。"

"你是指埃比尼泽·巴尔福先生?"他说。

"就是他。"我说。

"你见过他?"他又问。

"是他让我走进他的屋子的。"

"你有没有碰到过一个名叫霍西森的人?"兰基勒先生问道。

"我碰到过他,先生,"我说,"不知自己作了什么孽,给他耍了手段和我叔叔的谋划,在望得见这个镇上的地方把我拐骗了去,带到海洋里,遭受了船只失事和成百种别的苦难,弄得我今天穿上这一身可怜巴巴的衣服站在你的面前。"

"你说你的船只失事,那是在什么地方?"兰基勒先生说。

"在姆尔岛南面。我登陆的那个岛屿名叫埃累德岛。"

"哎哟,你在地理方面比我还要精通,"他微笑着说,"我可以告诉你,你说的这一切跟我从其他方面得到的消息完全符合。不过,你说你被人拐掉,是什么意思?"

"就是普通字面上的意思,先生,"我说,"我正要到府上来,被他们做了圈套,把我引诱上那条二桅船,把我打昏了,抛在船舱底下,直到我们驶出了大海很远一段路,才有点儿知觉。照他们的计划,我是要被送到美洲的种植场上去。上天保佑,我逃脱了这种厄运。"

"二桅船是在 6 月 27 日失事的,"他瞧了瞧簿子说,"今天是 8 月 24 日。巴尔福先生,这中间足足间隔了两个月光景,这在你的朋友们中间引起很大的忧虑了。不瞒你说,不把事情弄清楚,我的心头也是很不安的。"

"真的,先生,"我说,"这些日子是很容易补足的;我在讲我的经历以前,我倒愿意知道,我是不是在和一位朋友谈话。"

"这是似是而非绕着弯子的论调,"律师说,"我没有听到你的说话,我怎么可能相信你?我也不能做你的朋友,除非我详详细细知道事情的真相。要是你更相信人家,那对你更好些。巴尔福先生,你知道,我们这一带有一句俗话:做坏事的人,老是害怕坏事。"

"先生,你别忘了,我就是因为相信人,才吃了大亏!"我说,"被人运到海外去,当作奴隶(要是我理解得不错的话)。这位先生也是你的衣食父母。"

这时候,我已经渐渐赢得了兰基勒先生的好感。接着,逐渐赢得了他的信任。他听到我这句带着微笑说出来的俏皮话时,禁不住哈哈大笑起来。

"不,不,"他说,"那没有这样糟。Fui, non sum①,我过去的确替你

---

① 拉丁语:我曾经是,我现在不是。

的叔叔管理过事务；不过当你（ imberbis juvenis custode remoto[①] ）在西部游荡的时候，桥底下已经淌过很多的水了[②]；要是你的耳朵并不曾嗡嗡地响，那不是因为没有人谈到你[③]。在你海上遭难的那天，坎贝尔先生大踏步走进我的办公室，要求我从四面八方打听你的消息。当时我还从来没有听到过你，我知道你的父亲，从我权限内的事情（这些以后还要说到的）看来，我怕你遭到了最大的不幸。埃比尼泽先生承认见过你，他宣称（那看上去是难以相信的），说他给了你很多的钱，还说你已经动身到欧洲大陆上去，准备完成你的学业。这是可能的，也是值得称赞的。我问他，那么，你为什么不给坎贝尔通一个消息呢，他宣誓作证，说你曾经表示了要和过去的生活一刀两断的强烈的愿望。再问他，你在什么地方，他坚决申明不知道，说你可能在兰登。这是他全部的回答。我不敢肯定是不是会有人相信他，"兰基勒先生微笑了一下，继续说，"特别是他露出非常讨厌我的表情，他干脆向我指指门，下了逐客令。于是我们完全僵持住了，不管我们有多大的怀疑，也没法找到一点证据。这时候，霍西森船长跑来了，他把你淹死的事情告诉了我们。于是一切都成了空，只留下这些后果：坎贝尔先生的忧虑，我的口袋受到损失，你叔叔的品性又添了一个污点，这是不能忍受的。巴尔福先生，现在你已经了解事情的整个过程，那你自己判断吧，到底可

[①] 拉丁语：失去了监护的没有胡子的年轻人。
[②] 譬如世事已经有很大的变化。
[③] 西俗耳朵嗡嗡作响，是因为有人在谈你的缘故；我国民间也有类似的说法，认为耳朵发热是有人在挂念。

以信任我到什么程度。"

真的,他卖弄的学问比我所能描写的还多,他的说话中夹带的拉丁语越来越多了,不过,他说话时的眼睛表情和他的态度都是和蔼可亲的,大大地消除了我的猜疑,再加上从他对待我的情形看来,他似乎认为我没有什么疑问了,仿佛我第一步的身份已经完全被他承认了。

"先生,"我说道,"若是我把我的经历告诉你,我还必须把一个朋友的生命交托给你。请你发一个神圣的誓;至于关于我自己,我不想要求更好的保证,只要瞧瞧你的脸就够了。"

他非常严肃地发了誓。"可是,"他说,"这些是相当叫人惊恐的开场白;若是你的故事中有任何一点儿冒犯到法律的地方,我要请你记住,我是一个律师,马虎过去算了。"

于是我把我的故事从头告诉他。他听着,眼镜推到鼻梁上,眼睛紧闭,好几次我生怕他睡着了。其实根本不是这回事!(我后来发现)他把每一个字都听进去了,而且他的听觉是那么敏捷,记忆力又是那么精确,这时常叫我感到惊奇。连那些他只有在那一次才听到的陌生的、外国风味的盖尔式名字,他也记得,好几年后还会提醒我。然而,当我连名带姓地说到艾伦·布雷克的时候,出现了一个奇特的场面。艾伦这个名字,还有亚品暗杀案和悬赏等那些新闻,当然已经响遍了苏格兰;我的话刚一出口,这位律师马上在椅子上摆动,眼睛也睁开了。

"我不愿意提到那些不必要的名字,巴尔福先生,"他说,"尤其是高地人,他们中间很多人是法律所不欢迎的人物。"

"好吧,那就最好不提它,"我说,"不过我既然脱口说了出来,我想还是继续说下去的好。"

"最好别说。"兰基勒先生说,"你也许留意过,我的听觉有点儿迟钝;我不敢肯定是不是听清楚了这个名字。若是你高兴的话,我们就把你的朋友叫做汤姆逊先生——也许这不是回想起来的。以后,你需要提到的任何高地人——不论是死是活——我也照这样的方式来听的。"

他这么一说,我看出他一定对这个名字听得太清楚了,已经猜测到我也许要谈到那件暗杀案。要是他有意这样的假装不知道,那我管它干什么。我微笑一下,说这个姓听起来不太像是高地式的,不过,还是同意了。在我的故事中艾伦以后就变成了汤姆逊先生。这使我觉得更加有味,因为这一点是他心里的一种策略。提到詹姆斯·斯图亚特时,按照相似的方式,称他是汤姆逊先生的亲族;珂林·坎贝尔呢,说是格雷先生;至于克仑努,当我谈到那一部分的故事时,我给他起了个名字:"詹姆逊先生,高地的一个首领。"这真正是最公开的滑稽戏,我奇怪这位律师怎么会保持这态度呢,不管怎么,这是那个时代的风气,当时国内有两个派别,那些沉静的人物,他们自己没有什么高明的见解,就是想尽办法避免冒犯任何一方。

"唷,唷,"当我快要说完时,律师说道,"这是一首伟大的史诗,你的一次伟大的《奥德赛》[①],先生,当你的学识比较成熟的时候,你必须用健全的拉丁语来说。若是你自己乐意,用英语也行,虽然我自己

[①]《奥德赛》:本为古代希腊两大史诗之一,叙述古希腊神话中的英雄尤利西斯在特洛伊战争以后在回到故乡途中的10年漂泊的故事,转譬为长期的冒险旅行。

是喜欢那种更有力的语言的。你走过的地方真不少啊；quae regio in terris①（译成家乡话来说）苏格兰哪个教区没有你的足迹？此处，你还表现了一种卓越的才能，就是陷入了那种违反自己心愿的环境中去的才能，是的，大体说来，你在这种情况下的一举一动还不坏。这位汤姆逊先生呢，据我看来，似乎是一位有着一部分优良品性的绅士，虽然也许有点狠心。尽管他有这种种优点，若是他被人投入北海里，仍旧会使我高兴的。大卫先生，因为他是一位叫人窘到极点的人物。你和他处得很不错，不消说，他也和你合得来。我们可以说——他成了你真正的同伴了；paribus curis vestigia figit②，我敢说你们两位对绞刑架都有一种奇特的想法。好了，好了，很运气，这些日子已经过去了；我想（亲切地说），你快结束你那些苦恼了。"

这样，他把我的历险加上了道德的色彩，他瞧着我，显得多么幽默，多么仁慈，我简直没法抑制心头的满足。我跟亡命徒在一起流浪得太久了，在荒山上和露天底下睡觉，现在，重新坐在一幢干净的有遮盖的房屋里，和一位穿黑呢衣服的绅士亲切地谈话，仿佛连升了好几级。我正这么想，我的眼光落到了我那身不体面的破衣服上，我又一次地沉入苦恼中。这位律师望了我几眼，他明白了。他站起来，吩咐楼上多准备一副刀叉，说巴尔福先生会留下来吃饭，然后，他把我领到楼上的一间卧室里。把水、肥皂和一把梳子放在我的面前，拿出了他儿子的几件衣服，适当地客套几句，然后离开房间，让我进行盥洗。

---

① 拉丁语：世界上哪一个区域。
② 拉丁语：担着心的亦步亦趋。

第二十八章　寻求我的遗产

我尽力改变我的外表,我向镜子里望望,心里有说不出的快乐,我发现那个花子似的人物已经是过去的事儿了,大卫·巴尔福苏醒过来了。话虽这么说,我对我的这种改变还是感到害臊,最主要的,那是借来的衣服。等我打扮好,兰基勒在楼上迎着我,他恭维了我几句,重新请我到那间小屋子里去。

"请坐,大卫先生,"他说,"现在,你才有点儿像你自己了,让我想想,或许我可以告诉你一点消息。不消说,你对你父亲和叔叔的事一定很惊讶,急于想知道吧?这的确是个奇特的故事,我甚至不好意思向你说明,"他真的露出了窘态,"因为这件事牵连到一件恋爱纠葛。"

"老实说,我不大能够把恋爱的概念跟我的叔叔牵连在一起的。"我说。

"大卫先生,你叔叔不是向来老态龙钟的,"律师回答,"也许更使你吃惊,他不是一向难看的。他曾经是风度翩翩,仪表堂堂,当他骑在一头雄赳赳的马上经过的时候,人们会站在门口望着他呢。我曾经亲眼看到这种情形,我直率地承认,我对他不是一点没有妒忌的。我那时只是个普通的少年,一个普通人的儿子。在那些日子里,这是一件 Odi te, qui bellus es, Sabelle①。"

"这听起来好像是一个梦。"我说。

"是啊,是啊,"律师说,"这就是青年和老年的不同。还不光是这一层,他有他自己的气魄,似乎以后大有作为呢。1715年,他离开了家,跑了出去,除了去参加叛军外,还能做些什么呢?那是你的爸爸去追寻他的,在一条沟里找到了他,把他带了回来,multum gementem②,全区的人都笑逐颜开。好吧,majora canamus③——这两位小伙子坠入情网了,他们爱上了同一个姑娘。埃比尼泽先生是大家所赞美的宠儿,是个被溺爱惯了的人,当然自以为一定会胜利;等到他发觉自己欺骗自己的时候,便发出了像孔雀般的绝叫声。闹得这一带都知道了。他不久得病了,躺在家里,他那傻呵呵的亲人含着眼泪,围着他的床站着;一会儿他从一个酒馆闯到另一个酒馆,把他的悲伤嚷进汤姆、狄克、哈莱④的耳朵里。大卫先生,你的爸爸是位善良的绅士;可是他软弱,软弱而忧郁;把这件傻事看得很严重,整天郁郁不乐。有一天——请你原谅我这么说——他竟放弃了这位姑娘。她却不是这么傻,你的出色的辨别力一定是从她那儿遗传来的。她拒绝像球儿似的被人扔

---

① 拉丁语:我恨你,萨贝兰,因为你美丽。
② 拉丁语:苦苦呻吟。
③ 拉丁语:让我们说些重要的事情吧,即闲话少说。
④ 英国最普通的名字,类似我国的张三、李四、王五。

来扔去。两弟兄在她面前跪了下来,当时,这件事情的结局是:她向他们两人指指门,要他们出去。那是在8月里,哎,就在我离开大学的那一年,那一幕一定是滑稽透顶的。"

我自己觉得这是一件傻事,不过我不能忘记这里面也有我父亲的一份。"当然啰,先生,这带着点悲剧的味儿。"我说。

"为什么,不,先生,一点不是,"律师回答,"悲剧包含了争论中的一些值得衡量的事情,一些 dignus vindice nodus①;而这件事情呢,却完全是一个被宠坏了的年轻的笨驴在闹别扭,需要把它绑住,结结实实地用皮鞭子抽它一顿才行。然而你的父亲不是这么看法,结果你爸爸一步步地退让,你的叔叔却一步步地从尖叫怪叫、伤感自私的一个高峰到另一个高峰,末了,不得不达成一笔交易,他们这种不幸的结果使你吃到了最近的苦头。哥哥到手了姑娘,弟弟得到了田庄。大卫先生,人们虽随时谈到一大套的仁爱和慷慨,但是我时常觉得,要是一位绅士在这个容易争执的人生问题上跟他的律师商量,全部按照法律所许可的情形去做,似乎会产生最快活的后果。反正你父亲这种堂·吉诃德式②的举动,它的本身是不公平的,也带来了一大串的不公正。你的父母亲穷苦地活着,到死也是穷人,你是在穷苦中抚养大的;同时,肖府田庄上的那些佃户过的是什么日子!我还可以添上一句(若是这是我很关心的话),埃比尼泽过的又是什么日子!"

---

① 拉丁语:值得去解决的困难。
② 堂·吉诃德为西班牙伟大作家塞万提斯的《堂·吉诃德》中的主角,羡慕骑士,干出一连串愚蠢的所谓侠义行为,结果自己闹得头破血流,吉诃德式的举动就是指此。

"最奇怪的是,一个人的性格竟会有这样大的改变。"我说。

"不错,"兰基勒先生说,"我想这也是相当自然的。他只道是耍了一套漂亮的把戏。可是,那些知道真相的人,对他冷淡起来了,那些不知道真相的人呢,看见哥哥失踪了,而由弟弟继承家产,也谣传四起,以为发生了谋杀,于是他发现大家都远远地避开他。在这场交易中,他到手的只是金钱。年轻时他很自私,现在老了,他仍旧自私。最近这一切美妙的态度和高明的感情,你自己也领教过了。"

"那么,先生,在这一切情况下,我的地位是怎样呢?"我问他。

"那份家产当然是你的,"律师回答,"不管你爸爸签订的是什么,你是限定继承人。不过,你叔叔是个对无法辩护的事也要斗争一下的人物,很可能,他会提出疑问,说你的身份有问题。打官司一向要花钱,家庭的官司一向是不体面的。还有,若是你跟你的朋友汤姆逊先生所做的事有任何一点儿泄露,我们也许发现我们是搬了石头砸自己的脚。那次诱拐——只要我们能证明的话——是我们的一张王牌;也许这不是很容易证明。总的看来,我的意见是:跟你的叔叔作一次宽大的交易,甚至可以让他留在那个他已经生根了四分之一世纪的肖府里,你自己暂时满足于一笔优厚的供应就行了。"

我告诉他,十分愿意宽大处理,把家庭事件丢在大家面前出乖露丑,自然不是我所喜欢的。这时候(我私下里在揣摩),我开始看到作为我们以后行动的那个计划的轮廓了。

"重要的事情,是不是要证明他确实犯了那件诱拐的罪行呢?"我问。

"当然啰,"兰基勒先生回答,"若是可能,不在法庭上证明。大卫先生,这一层请你注意:我们无疑地可以找到一些契约号上的人,他们愿意起誓,证明你被绑;可是,只要他们一走上证人席,我们就没法阻止他的口供,那准会泄露出关于你朋友汤姆逊的一些话来。这件事——你在无意中说出来的——我并不认为是合你的心愿的。"

"好吧,先生,我想用这样的办法。"我把自己的计划向他说明。

"似乎这样会使我和那位汤姆逊见面,是吗?"等我说完后,他说。

"我想是的,先生,确实是这样。"我回答。

"天哪!"他叫起来了,擦了擦自己的眉毛。"天哪!不,大卫,恐怕你的计划是没法采用的。我不想反对你的朋友汤姆逊先生,也不知道有什么对他不利的事;若是我知道——大卫先生,请你注意!——我有把他逮住的义务,现在请你说吧:我跟他相见是不是明智?他也许有犯罪的事。他也许并没有把一切都告诉你,甚至他的姓名也不一定是汤姆逊,"他扯着嗓子,眨了眨眼睛,"这些家伙中间,有的随随便便在路旁边拾了一个名字,好像有人采拾山楂树的果子一样。"

"先生,那请你自己决定吧。"我说。

很清楚,我的计划已牢牢地印在他的心上了,他一直独自地沉思,直到叫我们吃饭,跟兰基勒太太待在一起时才停止思索,可是那位太太刚离开我们,让我们两人单独地面对一瓶酒的时候,他又苦苦地考虑我那个建议了。每隔一段很长的时间,他向我问起这一类的问题:我准备在什么时候、什么地方去见我的朋友汤姆逊先生,我是不是肯定地知道汤姆逊先生会考虑周到,假定我们做了圈套,能够把那只老狐狸捉住,我是不是同意某项协议的条件,他一边问,一边沉思,把酒含在舌头上打滚。当我全部回答以后,似乎很使他满意,他更加深深地陷入沉思中了,连法国红葡萄酒也给丢在脑后了。然后,他拿出一张纸,一支铅笔,动手写着,对每一个字都要反复推敲。最后,他按一下铃,把他的书记叫进了那间书房。

"托兰斯,"他说,"这些东西一定要在今天晚上以前写好;等写完后,请你戴上帽子,准备跟这位绅士和我一起走,也许需要你当一名见证。"

书记刚离开,我失声道:

"什么,先生,你要冒险试一下吗?"

"是啊,看上去要这样,"他说,斟满了自己的酒杯,"让我们别再说到事务上去吧。我一看见托兰斯,就想起了几年前的一件逗人发笑的小事,当时,我跟这个可怜的傻瓜约定在爱丁堡的十字路口会面,各人出去办自己的事,到了4点钟,托兰斯已经几杯下肚,不认识他的老板了。我呢,忘了戴我的眼镜——没有它,我简直是个瞎子——我老实跟你说,我也不认得我自己的书记了。"接着,他开怀大笑。

我说这是碰巧,为了礼貌,我微笑了,可是,使我整个下午觉得惊奇的是:他不停地回到这个故事上去,说了又说,每一次添上一点新的内容,接着又是一阵大笑,临到末了,我开始有点局促不安,为了这位朋友的愚蠢而感到害臊。

我和艾伦约定的时间快到了,我们走出了屋子,兰基勒先生和我挽着臂膀,托兰斯跟在后面,口袋里装了证书,手里拿了一只遮盖好的篮子。经过市镇的时候,这位律师一路上东也招呼,西也点头,时常有人把他留下来,谈些城里的或是私人的事,我可以看出,他在这一带很受人尊敬。最后,周围已经没有房屋了,我们开始沿着港岸走向荷思旅馆和渡口的码头——我遭遇不幸的地点。我看见这个地方,情绪上不能不激动。回想起那天跟我一块儿在这个地方的人们,很多已经离开人世:兰塞姆一死——我希望——这样也避免了未来的罪恶,夏的辞世是我不敢效法的;还有在二桅船最后一次在海浪冲击中随船沉没的那些可怜虫。我比这些人和那条二桅船本身活得都久,而且平安地度过这种种艰辛和可怕的危险。照道理,我的心头应该只有感恩的想法,可是,我看见了这个地方,我没法不为别人悲伤,回想起种种恐怖,还觉得一阵寒心。

我正这么想,突然间,兰基勒先生一声叫喊,他拍拍自己的口袋,开始笑出声来。

"哎唷,"他嚷道,"要是这不是可笑的奇事,那才怪呢!我说了那么多,结果我仍旧忘了我的眼镜!"

听到这些话,我当然懂得他谈起那些逸事的目的了,我明白,如果他的眼镜留在家里,那是故意干的,这样他也许可以得到艾伦的帮助,又用不着处在认出他的尴尬局面里。这个想法的确不坏(万一事情变得糟糕透顶),因为,这么一来,兰基勒怎么能说他认出我朋友的身份呢,或者他怎么能提出不利的证据呢?尽管这样,他花了好久的工夫才找出他所需要的办法,当我们走过市镇的时候,他跟不少的人说过话,认出他们,我自己心里明白,他是看得相当清楚的。

我们走过荷思旅馆(我认出那位老板正在店门里抽烟斗,我很惊奇地看见他的外表没有一点衰老)。一过这儿,兰基勒先生改变了走路的次序,他和托兰斯走在后面,要我像侦察兵似的在前面走。我上了山冈,不时吹起我那盖尔曲子;临了,我很高兴地听到了回音,看见艾伦从一棵灌木后面站了起来。他已经在这一带独个儿躲躲闪闪地度过了漫长的一天,只在腾达斯附近的一家酒店里吃了一顿可怜的饭菜,精神相当消沉。不过,他一眼看见我的衣服,顿时高兴起来。等我把我们事情进行的情况和我希望他扮演的那个角色告诉他时,他又精神抖擞,成了一个新人了。

"你的想法真是高明,"他说,"我敢说,要办成功这件事,你不可能找到比艾伦·布雷克更出色的人物了。你要注意,这不是随便什么人都能够办到的,那要有眼光的人才行。不过,我脑子里有这种印象:你的那位律师朋友似乎急于要看我。"

于是,我向兰基勒先生叫喊一声,挥了挥手,他独个儿走上前来,我把他介绍给我的朋友——汤姆逊先生。

"汤姆逊先生,我很高兴见到你,"他说,"只是我忘掉戴我的眼镜,我们的朋友大卫先生,(他拍拍我的肩头)他会告诉你,我比瞎子稍微好一点罢了,要是我明天没有招呼你,那千万请你不要惊奇。"

他这么说,以为艾伦一定会高兴,不料这位高地人的虚荣心很强,连比这更无关紧要的事情也会使他不高兴的。

"什么,先生,"他不自然地说,"我们为了一个特别的目的,才在这儿相见的,那就是要使巴尔福先生得到公道。至于你说的这事,我可以说没有什么关系,我可以看出,除了在这儿相会的目的以外,你我不像是有多少共同的兴趣。不过,我接受你的道歉,这样做是非常适当的。"

"这是超过我所能希望的了,汤姆逊先生,"兰基勒先生由衷地说,"现在,你我两人是这个计划中的主角,我想,我们应该好好地协商一下。为了这个目的,我建议你扶住我(天这么黑,我又没有戴眼镜),我看不清楚道路;至于你呢,大卫先生,你会发现托兰斯是一位谈得投机的人物。只是让我提醒你,你用不着再把你的或是——啊哈——汤姆逊先生的历险告诉他了。"

于是,他们两人在前面走,谈得很亲切,托兰斯和我跟在后面前进。

当我们看见肖府的房屋时,已相当夜深了。大概已过了 10 点钟。夜漆黑而柔和,一阵阵愉快的飕飕的西南风淹没了我们走路的声音。我们走近点儿瞧,随便哪一间房屋都没有一点光亮,大概我的叔叔已经上床了,这的确是最有利于我们的安排。我们就在 50 码以外悄悄地进行了最后一次商量。然后,律师、托兰斯和我蹑手蹑脚地向上走去,在屋子的拐角处蹲下来,等到我们躲好以后,艾伦大模大样地大踏步走到门口,敲着门。

第二十九章　走进了我的王国

艾伦连珠炮似的敲了好久的门,那敲门声只引起房屋和附近的回音。末了,我听见窗子轻轻地向上一推,我知道我的叔叔来观察究竟了。靠了一点点光亮,他可以看见艾伦像一个黑影似的站在台阶上,三位见证人躲藏在他的视线之外,所以,没有什么东西会叫一个住在自己家里的正派人惊恐的,尽管这样,他对他的来客默默地研究了好一会儿,当他开口时,他说的话中颤动着一种疑惑不安的音调。

"是干什么的?"他叫道,"夜这么深,不是正正经经的人活动的时候。我跟夜游神可没有什么交往。你是干什么来的?我手里有大口径短枪。"

"是你吗,巴尔福先生?"艾伦说,他向后倒退几步,抬起头来,向黑暗里注视。"当心那支短枪,这讨厌的玩意儿是要爆炸的。"

"你是干什么来的?你是谁?"我的叔叔愤怒地问。

"我可不打算在这种地方说出我的姓名,"艾伦说,"不过,要说出我干什么到这儿来是另一回事,这件事跟你的关系比我还多,若是你真的愿意知道,我可以编成曲子,唱给你听。"

"是什么?"我的叔叔问。

"大卫。"艾伦说。

"什么?"我的叔叔叫道,声音大大地变了。

"那么,我要不要连名带姓地告诉你?"艾伦说。

顿了一会儿,接着,我的叔叔疑惑不决地说:"我想还是让你进来的好。"

"我看应该这样,"艾伦说,"现在的问题是:我要不要进去?我要把我的想法告诉你。我是想,一定要在这个门阶上谈判这件事情;不管怎样,只有在这儿,别的随便哪儿都不行;我要你明白,我是跟你一样执拗,而且是一个出身更好的绅士。"

这种语调的骤变叫埃比尼泽仓皇失措了。他忍了一会儿,咀嚼着这一番话的意思,末了,他说,"好吧,好吧,该怎么着就怎么着吧。"他把窗子关上,花了很长的时间才下得楼来,又花了更长的时间才来打开那些门闩和锁链。我敢说,他每走一步路,每打开一个插销和门闩,他都在后悔,都在滋长着新的恐惧。最后,铰链轧轧几声,似乎我的叔叔小心翼翼地溜了出来(看见艾伦向后倒退一两步)。他在门口最上面的台阶上坐下来,手里拿了那支短枪,提防着。

"喂,"他说,"记住,我手里有短枪,若是你再走近一步,你就会跟死人一样。"

"这番话说得真是礼貌十足。"艾伦说。

"不,"我的叔叔说,"不过,这种事情可不能碰运气,我不能不提防一下。现在,我们大家认识了,你可以把你的事说出来了。"

"什么,"艾伦道,"你是一个明白人,当然知道我是一个高地的绅士。我的名字跟我的故事没有一点关系,我有一些朋友,他们住的地方离开姆尔岛不太远。这个岛,你总听说过吧。似乎那地方有一条船失事,第二天,我家里的一位绅士在沙滩上找寻可以生火的破船的木料,发现一个淹得半死的小伙子。于是,他救醒了他,还和另外几位绅士把这个小伙子抬到一座倒塌了的古老的城堡里,从那一天起,直到今天,他已经耗费了我的朋友们很多的钱了。我的朋友们是有点儿粗野的,他们对我所能说出来的一些法律并不特别理会,他们发现这个小伙子是好人家出身,他是你的嫡亲侄儿。巴尔福先生,他们要我来访问你一下,和你谈判这件事情。我可以一开始就告诉你,除非你能同意某些条件,你很少可能见到他了。"艾伦简单地添上一句,"因为我的朋友不是有钱的人。"

我叔叔清了清喉咙。"我可不太在乎,"他说,"他根本不是个好孩子,我不想插手这件事。"

"喂,喂,"艾伦说,"我看出你的用意了,你假装不关心,想减少一点赎金。"

"不,"我的叔叔说,"事实是这样,我对这个小伙子一点不感兴趣,我也不愿意付什么赎金,你高兴对他怎样就怎样好了,我才不管呢。"

"嗤,先生,"艾伦说,"老天爷作证,骨肉是至亲啊!你不能抛弃你哥哥的儿子,那可是件丢脸的事,若是你这样做,大家知道了,那你在这四乡的名声可不好听了。若不,我才是欺骗了自己。"

"我这样也不见得会博得多大的名声，"埃比尼泽回答，"我看不出怎么会给人知道。反正我不会讲出去，你或你的那些朋友也不见得要说出去吧。所以，我的朋友，这都是些废话。"

"那么，只好由大卫自己说出来了。"艾伦说。

"怎么会这样？"我的叔叔尖锐地叫道。

"噢，是这样的，"艾伦说，"只要还有希望可以搞到钱，我的朋友们会收留你侄儿的。不过，如果没有，我很清楚地看出，他们会让他走的，他妈的，那只好随他高兴到哪儿就到哪儿了！"

"噢，我这也不太在乎，"我的叔叔说，"那样做，对我也没有多大关系。"

"我正在这样想。"艾伦说。

"那又怎么样？"埃比尼泽说。

"怎么，巴尔福先生，"艾伦回答，"根据我所听到的一切来看，这件事有两个办法，或是你喜欢大卫，愿意花钱把他赎回来；或者你有很好的理由不要他，愿意花钱要我们留下他。似乎不是第一个办法，那么就是第二个。我多快活，给我知道了这事，我的口袋和朋友的口袋里会有一大笔钱了。"

"我不懂你的意思。"我的叔叔说。

"不懂？"艾伦说，"好吧，你瞧：你是不要那个小伙子回来；那么，你要拿他怎么办？你愿意花多少钱？"

我的叔叔没有回答，他不安地在座位上移来移去。

"喂，先生，"艾伦高声说，"你要知道，我是一个绅士；我带着一个国王的名字；我可不是个用脚踢着你家大门的骑士。你要马上客客气气地给我回音,否则,凭那格雷考峡谷的高峰作证,我要用三尺宝剑刺透你的要害。"

"呃,朋友,"我的叔叔爬起来叫嚷道,"给我一分钟！你到底出了什么毛病！我只是一个普通人,不是跳舞教师；我的确想尽可能地对你彬彬有礼。可是你的谈话这么粗鲁,真是太没礼貌了。你说,要害！那我这大口径的短枪干什么用的？"他咆哮着说。

"火药和你这双苍老的手,要跟艾伦手里的这把亮晃晃的宝剑较量,简直是蜗牛比燕子。在你这颤巍巍的手指还没有摸到枪的扳机以前,宝剑的柄就会刺在你的胸骨上了。"艾伦说。

"喂,朋友,我不否认这一点,"我的叔叔说,"你高兴怎么就怎么说好了,我也不想来阻止你。只是请你告诉我,你大概要些什么,你可以看出,我们是可以谈得很好的。"

"对,先生,"艾伦说,"我什么都不要求,这是干脆的交易。两个字：你要把这个小伙子杀死还是保留？"

"啊,天哪！"埃比尼泽直着嗓子道,"啊！老天,老天,这是什么话啊！"

"杀死还是保留？"艾伦重复一句。

"哎,保留,保留！"我的叔叔悲叹一声道,"对不起,我们不想流血。"

"好吧,随你便吧,"艾伦说,"不过,这要花费更多的钱。"

"更多的钱？"埃比尼泽失声道,"难道你要你的手上涂满罪恶吗？"

"呸！"艾伦说,"不管怎样,这两件事都是罪恶！把他杀死,那是比较容易,迅速,靠得住。把那个小伙子留下来,那才是一件麻烦的工作,一件麻烦的、不容易应付的事情。"

"我宁可把他留下来,"我的叔叔回答,"我一生中还没有跟真正的坏事打过交道呢,而且,我也不想开始去讨好一个粗野的高地人。"

"你是太小心谨慎了。"艾伦冷笑地说。

"我是一个有原则的人,"埃比尼泽简明地回答,"要是我必须为他花钱,我会拿出钱来的。还有,你忘了这个小伙子是我嫡亲弟兄的儿子。"

"好吧,好吧,那么现在就谈谈价钱,"艾伦说,"这倒不太容易叫我提出一个数目来,我愿意先知道一些小的事情,譬如说,我想知道你第一次开始时,给了霍西森多少?"

"霍西森?"我的叔叔大吃了一惊,放大喉咙说,"干什么?"

"为了拐走大卫。"艾伦说。

"撒谎,彻头彻尾的谎话!"我的叔叔大叫大嚷了,"他从来没有被人拐走。他这样告诉你,那是撒了迷天大谎。拐走了吗?从来没有过。"

"那不是我的过失,也不是你的过失,"艾伦说,"也不是霍西森的过失,如果他是一个可以信托的人。"

"你这是什么意思?"埃比尼泽叫道,"霍西森告诉你了吗?"

"为什么不,你这头老笨牛,要不,我怎么会知道呢?"艾伦高声地说。"霍西森跟我是伙伴,我们是均分的。所以,你自己可以看出你这么撒谎会有什么好处?我必须坦白告诉你,你让一个航海的人那么深深地插手到你的私人事务里去,你是干了一笔愚蠢的交易了,一件无药可救的事情。你干成这样,那你只好自作自受了。眼前只是这个问题:你怎么付给他的?"

"他告诉了你吗?"我的叔叔问。

"那是我的事情。"艾伦说。

"好吧,我不管他说些什么,他撒谎,天地良心,我只给了他20个金镑,"我的叔叔说,"不过,我老老实实地告诉你,除了那一笔钱,他要在卡罗来纳把那个小伙子卖掉,那他可以到手一笔更多的钱。不过,你知道,不是从我口袋里拿出来的。"

"多谢你,汤姆逊先生,你干得出色极了。"律师说,向前踏上几步,然后彬彬有礼地说:"你好呀,巴尔福先生。"

接着,"你好呀,埃比尼泽叔叔。"我说。

接着,"多美丽的夜晚,巴尔福先生!"托兰斯添上一句。

我的叔叔什么都没说,他闭紧着嘴巴,坐在门口最高一级的台阶上,呆呆地望着,仿佛变成了一尊石像。艾伦偷偷地拿走了他的大口径短枪。律师扶着他,把他从台阶上拖了下来,领他走进厨房里,我们全跟在后面,大家让他坐在火炉旁边的一张椅子上,炉火已熄,只有一盏灯心草的灯发着微光。

我们都对他望了一会儿,成功使我们惊喜若狂,不过也为了这个人的可耻而有一种怜惜的感觉。

"醒一醒,醒一醒,埃比尼泽先生,"律师说,"你别这样垂头丧气,我答应你,我们会采取宽大条件的。先请你把地下室的钥匙给我们,让托兰斯去拿出令尊的一瓶美酒,祝贺这件大事。"说完这几句话,他转过身子,面对着我,握住了我的手,说,"大卫先生,让我祝贺你在好运气中幸福快乐,我相信你是应该这样的,"然后,他带着滑稽的口吻对艾伦说,"汤姆逊先生,我向你表示我的敬意,你表演得太巧妙了,只是有一点我还难以理解。我不清楚你的名字是詹姆斯呢,还是查利或者也许是乔治?"

"先生,干吗是这三个名字中间的一个呢?"艾伦大模大样地问,仿佛闻到了冒犯的气味。

"先生,你提到过一个国王的名字,可是从来没有一个国王叫汤姆逊的,至少我还没有听到过,所以我断定,你一定是指受洗时的名字。"兰基勒回答。

这句话,恰巧击中了艾伦的要害。我直率地承认,这惹恼了艾伦。他一言不发,跑到厨房最远的那一头,坐下来,绷紧了脸,一直等到我走到他的面前,伸出我的手,向他道谢,称他是我成功的主要的源泉,这样,他才勉强露出一丝笑容,加入到我们中间。

这时候,我们已点燃了火,打开一瓶酒,从篮子里拿出了丰美的晚餐,托兰斯、艾伦和我三人饱吃了一顿,律师和我的叔叔呢,他们走进隔壁的一间小房间里去谈判。他们在那儿密谈了一小时左右,等到这段时间结束时,他们获得很好的谅解,于是,叔叔和我按照正式的仪式,亲手订了协议。根据这个条款,我的叔叔满足了兰基勒作为他的居间人的愿望,还应该付给我肖府的每年收入的三分之二。

于是,民谣中的花子返家了。那天晚上,当我躺在厨房的柜子里的时候,我是一个财主了,在这一带也有了名声了。艾伦、托兰斯和兰基勒已经进入梦乡,在那坚硬的床上发出了鼾声。可是我呢,曾经在露天底下,在污泥和石子上面度过多少个白天黑夜,时常空着肚子,处在死亡的恐惧中,我这样否极泰来,比我以前任何一种恶劣的境况更加使我丧失勇气,我躺着,直到天光发白,望着屋顶上的火星,计划着未来。

第三十章 再见吧

对于我自己来说,我已经到达了我的目的地了;可是我身边还有着艾伦,而我受到他很大的恩惠。除了这点,在那件暗杀案和格利的詹姆斯的事件上,我感到有重大的嫌疑。第二天早晨,我把这两件事向兰基勒坦白地说了。6点钟光景,我在肖府的屋子前面走来走去,我看到的只是我祖先的而现在是我的田地和树林。甚至当我说着这些严重的问题时,我的眼睛会快活地望着这些景色,我的心因为得意而跳跃着。

关于我对于我的朋友的明确的责任,那位律师没有提出疑问;不管要冒怎样的危险,我一定要帮助他离开这个地方,可是在詹姆斯的例子上,他的想法却不同了。

"汤姆逊先生是一回事,汤姆逊先生的族人是另外一回事,"他说,"我只知道一点儿事实;不过我猜想有一位大贵人(要是你喜欢的话,我们就称呼他为亚公爵[①])对这件事很关心,甚至可以说感到一

[①] 指亚哥尔公爵,坎贝尔族的首领。

点仇恨。不消说,亚公爵是一位了不起的贵族;不过,大卫,timeo qui nocuere deos①。要是你的干预阻碍了他的复仇,你应该记住,有一个方法会断送你证人的身份,那就是把你自己放在被告席上,那你就会像汤姆逊的族人一样处在困难的境地里了。你可以提出抗议,说你是无辜的;那么,他也是一样。可是,在这场有关你生死存亡的审判,是要在一个高地的陪审团面前举行,所审判的事情是关于一件高地的争吵,坐在法庭上的又是一位高地的法官,所以,这只是到达绞刑架的一个短短的过渡罢了。"

我以前对这一切曾作过种种推理,可是找不到一个很好的答案,所以我尽可能使它简单化。我问道:"先生,在那种情况下,我只好被绞死了——我会吗?"

"亲爱的孩子,"他叫道,"对上帝发誓,去吧,去做你认为正确的事。在我这种年龄,教你去选择那条安全而可耻的道路是个不高明的想法,很抱歉,我得把它收回。去吧,去尽你的责任,要是你一定会被绞死,那就死得像一个绅士。这世界上还有比绞死更糟的事情呢。"

"那倒不很多。"我微笑着说。

"怎么,当然啰,多得很呢,先生,"他直着喉咙说,"你的叔叔(不谈远的)要是能正正派派地吊在一个绞刑架上晃来晃去,那也要比现在好上十倍。"

他转身走进屋子(他仍旧很热心,我看出我已经使他很高兴),他

---

① 拉丁语:我怕那些冒犯上帝的人。

给我写了两封信,一边写,一边解释着。

"这一封是给我的大不列颠林宁公司的银行家,"他说,"给你立一笔账款。你可以向汤姆逊先生请教,他懂得怎么办的;至于你,有了这笔债权,就可以供应你所需要的东西了。我相信你会妥当地处理你的钱的,在汤姆逊这样一位朋友的事上,我甚至会挥霍一下。对于他的族人,你应该去找检察官,把你的经过告诉他,提出证据。没有比这更好的办法了。至于他是不是听你呢,那是另外一回事,那要由亚公爵决定了。现在你也许可以得到很好的推荐而见到检察长。这儿,我还给你一封信,这是给你一位同姓的,他是一位学识渊博、受到我尊敬的毕尔列格的巴尔福先生。看来把你介绍给你的一位同姓似乎比较妥当些。这位毕尔列格的财主在律师工会里很受重视,而且跟检察长也相处得很好。如果我是你,我不会拿某种特别的事情去麻烦他的(你知道吗),我想不必向他提起汤姆逊先生。你要按照那位财主的方式去做,他就是一个很好的榜样;当你跟那位检察官打交道的时候,要谨慎小心。大卫先生,在这一切事情上,愿上帝引导着你。"

于是他告辞了,他和托兰斯一块儿动身向渡口走去,艾伦和我转身往爱丁堡而去。当我们沿着小路,走过门柱和那未完成的小屋时,我们不住地望着我那祖先的房屋。它们耸立在那儿,巨大而朴质,看不到一点炊烟,仿佛是无人居住的空屋。只有在顶高处的一个窗子里突出了一顶睡帽,忽而浮上、忽而沉下、忽而退后、忽而向前,好似洞穴里探出来的一只兔子的头。当初我到这儿的时候,一点没受到欢迎,在我住下来的那一段时间内,更加不好好地待我,可是当我最后离开时,他倒注意起我来了。

艾伦和我慢慢儿向前移动,我们没有心思走路,也没有心思说话。首先浮在我们两人心头的是那同一个想法:我们快要临近离别的时候了,回想过去的所有日子,使我感到心酸。我们的确谈到应该办的步骤,决定让艾伦留在这个地方,在这一带等待,他每天到特别约好的地点去一次,可以由我自己或是差人去和他联系。在这段时间里,我去找寻一位律师,他是亚品的斯图亚特,所以是个完全可以信任的人物,由他设法找船,安排艾伦安全登船。等到这些事情都谈妥后,我们似乎马上找不到说话的字眼了,虽然我想跟艾伦开开玩笑,嘲笑他的汤姆逊那一个名字,他也想嘲笑我的新衣服和我的田庄,你可以感觉到,我们不是大笑,而几乎是落下眼泪了。

我们从小路走上考司吐芬山,当我走近那个名叫"憩息感恩处"的地方时,我们向下望着考司吐芬的沼泽,望着城市和山上的城堡,我们两人都站住了,我们虽然都没有说一句话,心里都明白我们已到了分手的地方了。在这儿,他再一次向我提起我们已经同意的事:关于律师的地址,可以找到艾伦的每天的时间,还有,去寻找他时的暗号。我把我所有的钱(兰基勒的一两枚金几尼)给了他,这样他暂时不会挨饿;然后我们站了一会儿,默默地眺望着爱丁堡。

"好吧,再会吧。"艾伦说,伸出了左手。

"再会。"我说,伸手握了一下,然后向山下走去。

我们谁也没有望对方的脸,就是他还在我视线之内的那段时间里,我也没有回头去瞥一下我那离别了的朋友。可是,当我在向城市走去的时候,我觉得我是多么寂寞和孤独,我心头只想在沟渠旁边坐下来,像任何一个娃娃似的大哭一场。

等我走过西寇克和格拉斯玛克特而进入这个都会的街道时,已经快近中午了。高大的建筑物,几乎都是 10 层到 15 层,狭狭的弓形的大门口经常不断地吐出过客,商店橱窗里陈列着货物,喧闹声和不绝的骚动,难闻的气味和漂亮的衣服,还有别的成百种不值得提的小事,都使我吃惊,使我昏昏沉沉,让熙熙攘攘的人群把我挤来拥去;然而,在这段时间里,我想到的只是艾伦在"憩息感恩处"的那一幕;这些时候(虽然你们认为我不能不对这些华丽而新奇的事物感到赏心悦目)一种冷冰冰的感觉咬着我的内心,好像是做错事情后的悔恨。

我正这样飘荡时,上帝的手刚好把我引到大不列颠林宁公司的银行大门口。

译 后 记

史蒂文生(1850~1894)是19世纪英国著名作家,《诱拐》是他的主要作品之一,自1886年出版后,一直被人传诵。

史蒂文生的父亲是英国一个著名的工程师。他起初学习工程,后来改学法律,最后把法律也放弃了,终身从事文艺写作。在他短短的十多年的创作生活中,写过剧本、诗歌、散文、小说,到他病殁在太平洋中萨摩亚岛上的时候为止,已写下数量惊人的作品,给英国文学宝库留下了一笔珍贵的遗产。

《诱拐》一书以1745年斯图亚特王朝后裔查利·爱德华争夺王位失败后的苏格兰为背景,以一个孤儿遭到叔父陷害,流落在苏格兰高地为线索,描绘了当时苏格兰人民的生活和斗争历程。

1745年的战争是苏格兰历史上一场很重要的战争,它的结果深深地影响了苏格兰人民的生活。苏格兰在17世纪初叶和英格兰合并后,人民的生活并没有改善,苏格兰高地的社会制度、生产方式和工农业的发展,都远远落后于英格兰。农业的生产方法还停留在中古时期的阶段,农民十分贫苦,工人的生活也同样悲惨。苏格兰高地人民为了争取美好的生活,在1745年以前,发动过好几次武装起义,都给当地的统治者和英国军队残酷地镇压了下去。1745年,高地人民处在苏格兰大族坎贝尔的首领亚哥尔公爵和英王乔治的暴政之下,早已民不聊生,流亡法国的查利·爱德华利用时机,在苏格兰登陆,很快得到了许多高地部族的拥护,他率领五千大军,越过高地和低地之间的边界南下,开始时几乎长驱直入,第二年,才被英国军队击败。苏格兰历史上高地人民最后一次大规模的反抗运动也就这样失败了。

高地人民这一次的反抗虽然失败了,可是它对整个苏格兰,尤其是对高地人民却带来了深远的影响。英国政府在战后进行残酷报复,很多高地部族首领被逮捕,处死,更多的逃亡到海外,他们的财产被没收了。政府还颁布一连串的法令,禁止高地人携带武器,禁止他们穿着自己的民族服装,连他们的民族乐器——风笛——也禁止吹奏。对于禁止穿着叠裥短裙——高地男子的服装——的禁令直到1782年才解除。英国政府强迫把低地的法律和制度推行于高地。部族制度彻底被消灭了。可是在这个大变动中,受痛苦最深的却是些老百姓。参加反抗运动的部族首领已被忠于英王乔治的人物所代替,所有的部族首领都转变为地主,旧日的族众变成了不定期的佃户,地主们为了自己的利益,没收了佃户们在山坡上的小小的耕地,把整个山谷夷为大片的牧羊地,高地人民因为无法谋生,大批的流亡到各地。光是在美国革命以前移民到美洲去的,就有四万人之多。

作为一名苏格兰人,史蒂文生对于处在这大变动时期的自己人民的苦难寄予深切的同情。《诱拐》一书就是一幅描绘这一时期高地人民的生活情况的图画。他亲切而真实地描写他们所遭到的迫害,他们的贫穷和疾苦,他们的友爱和自我牺牲精神,以及他们对自由的向往。此外,他对于高地的风土人情和那里的秀丽景色,也写得惟妙惟肖,栩栩如生。

《诱拐》一书对一个苏格兰地主丑恶本质刻画得细致入微,他为了争夺财产,不惜费尽心机,陷害嫡亲侄儿,最后企图把他拐骗到美洲种植园去当奴隶;他对佃户的残酷剥削,遭到众人的咒骂和憎恨。他的贪婪、阴险和愚蠢,与高地穷苦人民的高尚品质,恰恰成了鲜明的对照。

近百年来,除《诱拐》外,史蒂文生的《宝岛》《新天方夜谭》等书,也一直是深受读者喜爱的优秀作品。